Sebastian Wurm

Informelles Lernen
Ein Überblick

Diplomica® Verlag GmbH

Wurm, Sebastian: Informelles Lernen - Ein Überblick, Hamburg, Diplomica Verlag GmbH 2007

ISBN: 978-3-8366-5335-0
Druck Diplomica® Verlag GmbH, Hamburg, 2007
Zugl. Universität Duisburg-Essen, Standort Duisburg, Duisburg, Deutschland, Diplomarbeit, 2006

Bibliografische Information der Deutschen Bibliothek
Die Deutsche Bibliothek verzeichnet diese Publikation in der Deutschen Nationalbibliografie;
detaillierte bibliografische Daten sind im Internet über
<http://dnb.ddb.de> abrufbar.

© Diplomica Verlag GmbH
http://www.diplom.de, Hamburg 2007
Printed in Germany

Inhaltsverzeichnis

1. Einleitung

Die vorliegende Arbeit befasst sich mit dem Thema „Informelles Lernen und die Erfassung der informell erworbenen Kompetenzen".

Die in der beruflichen Erstausbildung gelegten Grundlagen reichen heute nicht mehr aus, um den Anforderungen eines ganzen Berufslebens gerecht zu werden. Lebenslanges Lernen ist heute notwendiger denn je geworden. Fort- und Weiterbildung müssen flexible Wege für alle Arbeitnehmer bieten, Kenntnisse und Fähigkeiten zu aktualisieren. Das informelle Lernen ist in den letzten Jahren zu einem wichtigen Teilaspekt des lebenslangen Lernens geworden. Kompetenzen werden scheinbar nebenbei durch die tägliche Arbeit, in der Freizeit oder im Familienleben erworben. Obwohl diese Erkenntnisse des Lernens außerhalb von Institutionen nicht neu sind und es in anderen Ländern schon Verfahren zur Anerkennung und Dokumentation informellen Lernens gibt, befindet sich Deutschland noch am Anfang dieser Diskussion. Bisher wurden in Deutschland ausschließlich Kompetenzen im Bereich der formalen und betrieblichen Bildung zertifiziert. Und doch haben es sich einige Projekte zur Aufgabe gemacht, Konzepte für die Bewertung der in diesen Lebenskontexten erworbenen Fähigkeiten und Fertigkeiten zu entwerfen.

Woran liegt es, dass das informelle Lernen in Deutschland bisher so wenig Beachtung fand? Wie können die erworbenen Kompetenzen sichtbar gemacht und bewertet werden? Welche Modelle aus anderen Ländern zur Analyse und Zertifizierung liegen vor und wie werden sie genutzt? Ist das informelle Lernen der neue Konkurrent des formalen, in Bildungsinstitutionen stattfindenden Lernens? Inwiefern unterscheiden sich überhaupt formales, non-formales und informelles Lernen? Welche Chancen bietet das informelle Lernen? Welche Gefahren liegen darin, Lernen aus allen Lebensbereichen validieren zu wollen? Ergibt sich daraus ein Zwang zum Lernen? Welche Interessen haben Politik und Wirtschaft an der Anerkennung informellen Lernens? Welches Interesse hat der

Lernende[1] an der Validierung und Zertifizierung seiner informell erworbenen Kompetenzen? Wie wirkt sich der Bedeutungszuwachs des informellen Lernens auf das formale Lernen aus? Welche Konsequenzen ergeben sich für die Erwachsenenbildung?

Diese Arbeit soll einen allgemeinen Überblick geben sowohl über die oft verwirrenden, unterschiedlichen Definitionen zum Begriff „informelles Lernen" als auch über einige Methoden und Ansätze zur Validierung informell erworbener Kompetenzen.
Die Arbeit lässt sich in zwei Teilbereiche gliedern. Zunächst geht es in den Kapiteln 2 und 3 um den Begriff des informellen Lernens.

In Kapitel 2 wird die gesellschaftliche Entwicklung erläutert, die zu einer zunehmenden Wahrnehmung des informellen Lernens führte. Dabei geht es zunächst um die Entwicklung in den USA und Kanada. Danach werden einzelne Stationen der europäischen Bildungspolitik aufgezeigt. Schließlich wird nach Gründen gesucht, warum in Deutschland das informelle Lernen bisher noch nicht so wahrgenommen wurde wie in der internationalen Diskussion.

Da es eine eindeutige, allgemeine Definition des Begriffs „informelles Lernen" bisher nicht gibt, werden in Kapitel 3 einige ausgewählte Definitionsansätze zum informellen Lernen ausführlich einander gegenübergestellt. Daran anschließend werden einige Paradigmen des informellen Lernens dargestellt. Diese sollen dabei helfen, ein besseres Gesamtverständnis zu erlangen und verdeutlichen, wie umfassend der Begriff des informellen Lernens ist. Zum Abschluss des 3. Kapitels wird diskutiert, welche Chancen in der Anerkennung und Validierung des informellen Lernens liegen und welche Konsequenzen sich daraus für die Bildungspolitik ergeben könnten.

---

[1] In dieser Arbeit werden weibliche und männliche Formen synonym verwendet, das jeweils andere Geschlecht ist mitzudenken.

Anschließend geht es um die Validierung informellen Lernens.

Da uns die Begriffe „Kompetenz" und „Qualifikation" im Zusammenhang mit der Validierung informellen Lernens häufig begegnen, wird in Kapitel 4 zunächst eine Definition des Kompetenzbegriffs und eine Abgrenzung zum Begriff der Qualifikation vorgenommen. Anschließend werden ausgewählte internationale Modelle zur Validierung informellen Lernens vorgestellt – das norwegische „Realkompetanse Project", das englische NVQ-System mit APL-Verfahren, das französische System der „bilan de compétences" und das Validierungsverfahren, sowie das schweizerische CH-Q Programm. Darauf folgend werden vorhandene Anerkennungsmöglichkeiten informell erworbener Kompetenzen in Deutschland vorgestellt, die Arbeitszeugnisse und Beurteilungsverfahren. Da die momentan größte Experimentierfreude, unabhängig vom institutionellen Weg erworbene Kompetenzen zu erfassen, sich im Bereich der Bildungspässe findet, werden anschließend einige ausgewählte Pässe vorgestellt.

Zum Abschluss werden in Kapitel 5 einige Risiken des informellen Lernens, bzw. der Erfassung des informellen Lernens in allen Lebensbereichen erläutert.

2. Entwicklung der politischen Debatte zur Validierung informellen Lernens

Die Bedeutung des non-formalen und informellen Lernens ist in den letzten Jahren auf politischer Ebene ständig gewachsen, insbesondere im Hinblick auf die Forderung nach lebenslangem Lernen. Sowohl international als auch auf europäischer Ebene gibt es schon seit Jahren Überlegungen, wie informelles Lernen zu messen ist. Und obwohl die Debatte um die Validierung informellen Lernens in Deutschland noch relativ jung ist, sind die Entwicklungen in der deutschen Bildungslandschaft eng mit denen der europäischen verknüpft.

Bevor in Kapitel 3 eine ausführliche Erläuterung zu dem Begriff und den verschiedenen Definitionsansätzen des informellen Lernens folgt, werden im folgenden Kapitel zunächst die gesetzlichen und gesellschaftlichen Voraussetzungen im geschichtlichen Kontext erläutert, welche zu einer zunehmenden Wahrnehmung der Bedeutung des informellen Lernens führten. Dabei geht es in Kapitel 2.1 zunächst um die Entwicklung in den USA und in Kanada. In Kapitel 2.2 werden die einzelnen Stationen der Wahrnehmung informellen Lernens in der europäischen Bildungspolitik aufgezeigt, bevor schließlich in Kapitel 2.3 nach Gründen dafür gesucht wird, warum das informelle Lernen in Deutschland bisher noch nicht so wahrgenommen wurde wie in der internationalen Diskussion.

2.1 Entwicklung in den USA und in Kanada

In den USA begann man schon nach dem Zweiten Weltkrieg mit der Auseinandersetzung über außerberuflich angeeignete Kompetenzen. Viele zurückgekehrte Soldaten verfügten nicht über eine formale Schulbildung und fanden daher keinen Arbeitsplatz. Es wurde nach Wegen gesucht, ihre außerberuflichen Kompetenzen zu zertifizieren, um ihnen so eine Wiedereingliederung in den Arbeitsmarkt zu ermöglichen.

Gonon sieht den „Ursprung" der Debatte über das informelle Lernen sogar schon zu Beginn des 20. Jahrhunderts *(vgl. Gonon 2002, S. 16-19)*. Als Urheber des informellen Lernbegriffs nennt er John Dewey, welcher in seinem Werk „Democracy and Education" von einem sehr weit gefassten Erziehungsbegriff ausgeht. Für Dewey sind im Leben gemachte Erfahrungen eng verknüpft mit Bildung und Erziehung. „Informal Education" ist für ihn die Grundlage für formale Bildung. Den Grund sieht er in der Komplexitätszunahme, durch die ein verstärkter Bedarf an formeller Bildung benötigt wird, deren Basis aber im informellen Lernen liegt *(vgl. Dewey 1968, S. 9f.)*.

Laut Dohmen hatte in den USA das außerschulische Lernen schon lange einen hohen Stellenwert. Er begründet dies damit, dass die Berufsbildung in den USA maßgeblich durch praktisches Lernen am Arbeitsplatz bestimmt wird. Zudem gefalle den freiheitsliebenden Amerikanern der Begriff des lebenslangen informellen Lernens besser als der Begriff der lebenslangen Erziehung (lifelong education) *(vgl. Dohmen 2001, S. 50)*.

1972 gelangte der Begriff des informellen Lernens, maßgeblich beeinflusst durch Aktivitäten der UNESCO, zu einer bildungspolitischen Diskussion in der breiteren Öffentlichkeit. Die UNESCO stellte nämlich durch deren Faure-Kommission fest, dass informelles Lernen 70 % aller menschlichen Lernprozesse umfasse. Es wurden Bedingungen gefordert, die das informelle Lernen erleichtern sollten. Des Weiteren sollten formale Bildungsprozesse an dieses informelle Lernen angeknüpft werden. Aufgrund dieses Reports gab es eine Reihe in Deutschland kaum beachteter Forschungsarbeiten, die sich zwar vornehmlich auf Entwicklungsländer konzentrierten, die jedoch auch in den USA in der Diskussion um das informelle Lernen an Bedeutung gewannen *(vgl. Overwien 2005, S. 3f.)*.

Die Zielgruppen der Anerkennung des informellen Lernens in den USA sieht Dohmen in den Erwachsenen mit praktischer Berufserfahrung, die für ihre in der

Arbeitswelt erworbenen Kompetenzen eine formale Anerkennung suchen und somit mehr Chancengleichheit anstreben. So gab es in den 70er Jahren während der Diskussionen um die Anerkennung des informellen Lernens etwa 3,5 Millionen erwachsene College-Studenten, die neben ihrem Beruf studierten. Dies zwang die amerikanischen Hochschulen dazu, sich auf die informell erworbenen Kompetenzen der erwachsenen Studenten einzustellen *(vgl. Dohmen 2001, S. 51)*. So hat sich dann auch seit den 70er Jahren an einigen Universitäten die Möglichkeit entwickelt, dass jeder, der bestimmte Kompetenzen nachweist, „College-Degrees erwerben kann, ohne den Besuch entsprechender Ausbildungsstätten oder Studiengänge nachweisen zu müssen" *(Dohmen 2001, S. 95)*.

In Kanada wurde die Diskussion um das informelle Lernen sehr von Livingstone und der repräsentativen NALL-Studie über informelles Lernverhalten beeinflusst. Das Nationale Forschungsnetzwerk NALL (New Approaches to Lifelong Learning) sollte „den Umfang der Erwachsenenbildung, das Vorhandensein sozialer Lernbarrieren und wirksamere Mittel zu Verknüpfung von Lernen und Arbeit" *(Livingstone 1999, S. 73)* untersuchen. Finanziert wurde die Erhebung vom Kanadischen Social Sciences and Humanities Research Council (SSHRC). Während dieser Erhebung wurde unter anderem eine repräsentative Telefonbefragung von 1562 Erwachsenen durchgeführt, in welcher diese sich zu ihren informellen Lernerfahrungen äußern konnten.

Die NALL-Studie kommt zu dem Ergebnis *(vgl. Livingstone 1999, S. 74-86 & Dohmen 2001, S. 59f.)*, dass die meisten Kanadier sich zwar für sehr lerninteressiert halten, aber nur rund die Hälfte an formalen Weiterbildungsveranstaltungen teilnehmen. 95 % sagen, sie würden informell lernen. Sie meinen, 70 % ihrer Berufskenntnisse informell erworben zu haben, und sie wenden viermal so viel Zeit für informelles Lernen als für formelles Lernen auf. Mit zunehmendem Alter fällt die Bereitschaft Erwachsener, an formalen Bildungsveranstaltungen teilzunehmen, und das Interesse verlagert sich mehr zu informellen Lerntätigkeiten. Ein Zusammenhang zwischen dem erreichten Schulabschluss und der Bereitschaft zu informellem Lernen gibt es laut der Studie nicht: So praktizieren Erwachsene mit niedriger Schulbildung genauso oft informelle Lernprozesse wie andere mit höherem Schulabschluss. Manche Personen ohne Schulabschluss lernen teilweise sogar häufiger informell als Personen mit einem Hochschulabschluss.

Livingstone fordert in Bezugnahme auf die Ergebnisse der NALL-Untersuchung von der Wirtschafts- und Bildungspolitik die Anerkennung der „vielfältigen und oftmals komplexen Lerntätigkeiten und –fähigkeiten ihrer Zielgruppen, einschließlich der informellen Lernerfahrungen und Lernfähigkeiten der vielen Menschen, die in der Vergangenheit von fortgeschrittenen Formen der organisierten Bildung ausgeschlossen wurden" *(Livingstone 1999, S.86)*.

2.2 Entwicklung in der Europäischen Union

Die folgenden Ausführungen beziehen sich auf den von Markus Bretschneider im Jahr 2004 verfassten Artikel „Non-formales und informelles Lernen im Spiegel bildungspolitischer Dokumente der Europäischen Union".

Mitte der 90er Jahre fand ein technologischer und wirtschaftlicher Strukturwandel statt, welcher die im Leben erworbenen beruflichen Erfahrungen, Wissensbestände und Qualifikationen in immer kürzeren Abständen veralten ließ. Forderungen nach „lebenslangem Lernen" und der Wandel zur „Wissensgesellschaft" werden seitdem immer eindringlicher diskutiert. Das informelle und nonformelle Lernen findet als Antwort auf diese Forderung nach lebenslangem Lernen einen Bedeutungszugewinn.

1995 sollten im „Weißbuch zur allgemeinen und beruflichen Bildung" *(vgl. Europäische Kommission 1995)* nach einer Situationsanalyse Aktionslinien für den Bereich der allgemeinen und beruflichen Bildung vorgelegt werden. Ein formuliertes Ziel ist die Förderung der Aneignung neuer Kenntnisse durch die Anerkennung von Kompetenzen. „Die optimale Nutzung des Wissens, das sich der einzelne im Laufe seines Lebens angeeignet hat, setzt die **Eröffnung neuer Formen der Anerkennung von Kompetenzen** *[Hervorhebung im Originaltext]* voraus, und zwar zusätzlich zum Berufsabschluß und zur Erstausbildung" *(Europäische Kommission 1995, S.48)*. Informelles Lernen erscheint hier vor allem im Kontext mit beruflicher Bildung.

1996 steht im Zeichen des Europäischen Jahres des lebensbegleitenden Lernens, welches inhaltlich maßgeblich durch das Weißbuch zur allgemeinen und beruflichen Bildung beeinflusst wird. Mit unterschiedlichen Ansätzen wird versucht, den Bürger über die Möglichkeiten des lebenslangen Lernens aufzuklären. Die Möglichkeiten des non-formellen und informellen Lernens werden bei einigen Themen deutlich, wenn auch nicht explizit, als Ziele erwähnt, z.B. bei der „Sensibilisierung der Sozialpartner für die Bedeutung der Schaffung neuer Möglichkeiten eines lebensbegleitenden Lernens und der Beteiligung daran" sowie der „Sensibilisierung der europäischen Bürger für die Maßnahmen der Europäischen Union insbesondere zur Anerkennung von Diplomen und Befähigungsnachweisen im Bildungsbereich und in der beruflichen Praxis im Rahmen der Systeme der Mitgliedstaaten" *(Europäisches Parlament und Rat der Europäischen Union 1995, Artikel 2)*.

Diese Ziele wurden im Jahre 2000 im „Memorandum über lebenslanges Lernen" *(vgl. Kommission der Europäischen Gemeinschaften 2000)* allmählich operationalisiert. In dem Dokument wird eine umfassende Strategie für lebenslanges Lernen diskutiert, in welcher auch die non-formellen und informellen Lernanteile stärker ins Blickfeld gerückt werden. „Lebenslanges Lernen (...) muss zum Grundprinzip werden, an dem sich Angebot und Nachfrage in <u>sämtlichen</u> *[Hervorhebung vom Verfasser dieser Arbeit]* Lernkontexten ausrichten" *(Kommission der Europäischen Gemeinschaften 2000, S. 3)*. Es wird betont, dass sich formales, non-formales und informelles Lernen nicht gegenseitig ausschließen. „Die ́lebensumspannende ́ Dimension verdeutlicht die **Komplementarität von formalem, nicht-formalem und informellem Lernen** *[Hervorhebung im Originaltext]*" *(Kommission der Europäischen Gemeinschaften 2000, S. 10)*. Die Wahrnehmung dieses Verhältnisses ist die Voraussetzung, unter der schließlich eine gemeinsame Anerkennung der Lernformen erfolgen kann. Der Grund des gewachsenen Interesses an non-formalen und informellen Lernbereichen und deren Anerkennung liegt in dem steigenden Interesse nach zertifiziertem Lernen. Ein immer härter geführter Kampf um Arbeitsplätze und der steigende Bedarf an qualifizierten Arbeitskräften macht die Anerkennung von Kompetenzen, Wissen und Erfahrungen, welche außerhalb der formalen Bildungsinstitutionen erworben wurden, immer wichtiger.

2001 verabschiedet die Kommission eine Mitteilung mit dem Titel „Einen europäischen Raum des lebenslangen Lernens schaffen" *(vgl. Kommission der Europäischen Gemeinschaften 2001)*. Im Hinblick auf das non-formelle und informelle Lernen werden hier Ziele gesetzt, die diejenigen zum Lernen anregen sollen, denen das Lernen aus welchen Gründen auch immer fremd geworden ist. Das informelle Lernen soll anerkannt und belohnt werden. Non-formales und informelles Lernen müssen also in die im formalen Sektor geltenden Vorschriften für Zugang, Bildungsweg und Anerkennung einbezogen werden. Dazu gehört, dass sich darüber verständigt werden muss, wie das Lernen in den verschiedenen Lernbereichen zu bewerten ist. Als konkrete Schritte werden hier u.a. die Erstellung eines Verzeichnisses von Methoden, Systemen und Normen zur Bewertung und Anerkennung non-formalen und informellen Lernens auf internationaler und nationaler Ebene genannt. Es soll ein Netzwerk auf europäischer Ebene gebildet werden, in welchem ein systematischer Austausch von Erfahrungen mit der Validierung der non-formalen und informellen Lernbereiche stattfinden kann. Des Weiteren sollen angemessene rechtliche Rahmenbedingungen geschaffen werden, in denen sich die Anerkennung von non-formalem und informellem Lernen durchsetzen kann *(vgl. Kommission der Europäischen Gemeinschaften 2001, S. 13-18)*.

Im „Aktionsplan der Kommission für Qualifikation und Mobilität" im Jahr 2002 *(vgl. Kommission der Europäischen Gemeinschaften 2002)* wird eine unzureichende berufliche Mobilität erkannt, da es u.a. Probleme bei der Anerkennung non-formalen und informellen Lernens sowohl innerhalb als auch zwischen den Mitgliedsstaaten gibt. Es wird also das Ziel formuliert, die Barrieren für die Anerkennung von Lernerfolgen abzusenken, unabhängig davon, wo diese Erfolge erzielt wurden. Als konkrete Maßnahme wird vorgeschlagen, einen europäischen Rahmen aus Methoden und Normen für die Feststellung, Beurteilung und Anerkennung non-formalen und informellen Lernens zu schaffen. Des Weiteren sollen Instrumente zur Förderung von Transparenz und Übertragbarkeit der Qualifikationen entwickelt werden *(vgl. Kommission der Europäischen Gemeinschaften 2002, S. 10-17).*

Im Jahr 2003 legt die Kommission einen Vorschlag über ein einheitliches Rahmenkonzept zur Förderung der Transparenz von Qualifikationen und Kompetenzen vor, den so genannten „Europass" *(vgl. Kommission der Europäischen Gemeinschaften 2003).* In dem Vorschlag werden die ersten fünf Dokumente bestimmt, welche in den Europass einbezogen werden sollen. So soll er neben einem „Europäischen Lebenslauf" noch den Mobilipass enthalten, in welchem alle lernrelevanten transnationalen Mobilitätserfahrungen in ganz Europa erfasst werden sollen, des Weiteren einen Diplomzusatz für den Bereich der Hochschulbildung (hier sind Informationen über den Bildungsweg des Inhabers zu finden), eine Zeugniserläuterung für den Bereich der beruflichen Bildung (dort werden unabhängig vom Inhaber berufliche Qualifikationen näher erläutert) und das Europäische Sprachenportfolio. Für stärkere Konzentrationen auf bestimmte Bereiche oder Fertigkeiten können weitere Dokumente hinzugefügt werden *(vgl. Kommission der Europäischen Gemeinschaften 2003, S. 13-15).*

2004 werden von der Kommission gemeinsame europäische Grundsätze für die Validierung des non-formalen und des informellen Lernens vorgeschlagen *(vgl. Kommission der Europäischen Gemeinschaften 2004).* Diese Grundsätze geben keine methodischen Lösungen vor, sondern umreißen grundlegende Anforderungen, die erfüllt sein müssen. Die Anforderungen werden in sechs Hauptthemen unterteilt: Ziel und Zweck der Validierung, Rechte des Einzelnen, institutionelle Pflichten, Vertrauen und Verlässlichkeit, Unparteilichkeit und Glaubwürdigkeit bzw. Legitimität *(vgl. Kommission der Europäischen Gemeinschaften 2004, S. 4-8).*

2.3 Entwicklung in Deutschland

In Deutschland ist das Interesse an informell erworbenen Kompetenzen erst in den letzten Jahren gewachsen. Gründe sieht Björnavold *(vgl. Björnavold 2001, S. 63-67)* unter anderem in dem stark ausgebauten dualen System der Berufsausbildung, welches in seinem betrieblichen Teil auch schon Elemente praktischen Lernens einbezieht. Er kritisiert, dass das duale System zwar eine gute Grundlage für eine Verbindung von formalem und informellem Lernen sei, jedoch nicht für das lebenslange Weiterlernen im Erwachsenenalter. Es gäbe in Deutschland keine Tradition, auch außerhalb des formalen Systems, Lernwegen zu folgen. Informelle Wege zu einer Qualifikation werden durch bis ins kleinste Detail geregelte Ausbildungs- und Prüfungsordnungen aus den Berufsprofilen ausgeschlossen. „Die (...) gegebenen Rahmenbedingungen sind in den meisten europäischen Ländern offener und flexibler und sie begünstigen z.T. auch ganz gezielt die Entwicklung und Anerkennung eines offeneren, unabhängigeren informellen Lernens" *(Dohmen 2001, S. 78)*.

Dennoch findet das non-formale Lernen zunehmend Beachtung. Björnavold begründet dies damit, dass das non-formale Lernen einbezogen wird, um die ausschließliche Ausrichtung auf die Erstausbildung auszugleichen. Die schwache Anbindung des Weiterbildungssektors an das Erstausbildungssystem unterstreicht zudem die Bedeutung alternativer Lernwege. Es müssen Lösungen gefunden werden, die berufliche Weiterbildung „einerseits systematischer nutzen und andererseits besser mit dem bestehenden ´Koloss´ der Erstausbildung verbinden" *(Björnavold 2001, S. 65)*.

Deutsche Modellinstrumente und Verfahren zur Validierung von informell gelernten Kompetenzen werden in Kapitel 4.2 vorgestellt. Zunächst jedoch geht es in Kapitel 3 um einige momentan diskutierte Definitionen zum Begriff des „informellen Lernens".

3. Das informelle Lernen

In Kapitel 2 wurde gezeigt, dass das informelle Lernen und der Versuch, informelles Lernen sichtbar zu machen, nicht nur in Europa, sondern auch in Deutschland zunehmend ins Blickfeld geraten. Bevor in Kapitel 4 einige Instrumente und Verfahren zur Anerkennung bzw. Validierung informellen Lernens vorgestellt werden, wird im folgenden Kapitel zunächst der Begriff des informellen Lernens genauer untersucht und seine Chancen für die Erwachsenenbildung bestimmt. Dabei ist zu beachten, dass es eine eindeutige, allgemeine Definition des informellen Lernens bisher nicht gibt.

Aufgrund der vielfältigen Definitionen werden daher in Kapitel 3.1 zunächst einige ausgewählte Begriffsbestimmungen vorgestellt. Danach versucht Kapitel 3.2, anhand einiger Paradigmen zu einem besseren Gesamtverständnis von informellem Lernen beizutragen. Zuletzt wird in Kapitel 3.3 diskutiert, welche Chancen in der Anerkennung und Validierung des informellen Lernens liegen und welche Konsequenzen sich daraus für die Bildungspolitik ergeben könnten.

3.1 Definitionen zum informellen Lernen – Über die Schwierigkeit einer eindeutigen Begriffsbestimmung

Die Diskussion darüber, was unter informellem Lernen genau zu verstehen ist, befindet sich in vollem Gange.
Der Begriff des „formalen Lernens" ist weitgehend unstrittig. „Bei dem formalen Lernen handelt es sich nach den Vorstellungen der meisten Autoren um Lernen in einem speziellen institutionellen Rahmen mit Curricula und ausgebildeten Lehrenden, das als Teil des offiziellen Bildungssystems staatlichen Regelungen unterliegt und in der Regel mit einer formalen Prüfung abgeschlossen wird"
(BMBF 2004).

Die Variationen der Begriffe des non-formellen und informellen Lernens sind hingegen weitaus vielfältiger. Das Verständnis reicht von einer Zusammenfassung aller Arten nicht-formellen Lernens unter einen dieser Begriffe bis hin zu der strikten Trennung der beiden Begriffe. Der Vergleich von Forschungsergebnissen zum Thema informelles Lernen wird durch die unterschiedlichen Auffassungen erheblich erschwert.

Die Probleme einer allgemeinen Definition ergeben sich aus den unterschiedlichen Definitionsansätzen. So setzen einige Definitionen an der Organisationsform des Lernens an, andere richten ihre Perspektive eher auf die Intention des Lernenden und die Rolle des lernenden Subjekts. Wiederum andere Definitionen kombinieren die Ansätze. Auch werden Begriffe wie selbstgesteuertes Lernen, nicht-organisiertes Lernen, selbstständiges Lernen, natürliches Lernen, inzidentelles Lernen usw. von einigen Autoren synonym zum informellen Lernen gebraucht, während andere diese Begriffe scharf voneinander abgrenzen. Im internationalen Vergleich unterscheiden sich auch die Sprachregelungen voneinander. Im Folgenden wird durch die Darstellung einiger ausgewählter Definitionen verschiedener Autoren versucht, einen Überblick über die momentane Diskussionslage zu geben.

Die **Kommission der Europäischen Gemeinschaften** *(vgl. Kommission der Europäischen Gemeinschaften 2000, S. 9-10)* unterscheidet zwischen formalem, non-formalem und informellem Lernen.

Formales Lernen findet in „Bildungs- und Ausbildungseinrichtungen statt und führt zu anerkannten Abschlüssen und Qualifikationen" *(Kommission der Europäischen Gemeinschaften 2000, S.9).*

Non-formales Lernen wird definiert als Lernen, das üblicherweise nicht zum Erwerb von formalen Abschlüssen führt, da es außerhalb von Bildungs- und Berufseinrichtungen stattfindet. Es ist auf ein Ziel gerichtet und systematisch in Bezug auf Lernziele, Lerndauer und Lernmittel.

Informelles Lernen ist Lernen im Alltag, als „Begleiterscheinung des täglichen Lebens" *(ebd., S. 9 f.).* Es ist nicht notwendigerweise strukturiert oder vom Lernenden intendiert und es führt nicht zu einer Anerkennung bzw. Zertifizierung. Der Zusatz „nicht notwendigerweise" schließt somit intentionales Lernen zwar nicht aus, in den meisten Fällen ist das Lernen jedoch nicht zielgerichtet und somit inzidentell und beiläufig. Formales und non-formales Lernen hingegen ist nach Definition der Europäischen Kommission eindeutig intentionales Lernen.

Björnavold *(vgl. Björnavold 2000, S. 217-222)* richtet sich ähnlich wie die Europäische Kommission bei seiner Definition nach der Organisationsform des Lernens.

So bezeichnet er alle Lernprozesse innerhalb einer förmlichen Bildungsinstitution als formales Lernen. Formales Lernen kann zu einem anerkannten Abschluss führen.

Lernen, welches in Umgebungen stattfindet, die eine Lernkomponente beinhalten, jedoch nicht explizit als Lernen bezeichnet werden, z.B. Lernprozesse im Zusammenhang mit Teamarbeit oder Qualitätszirkeln, bezeichnet er als „halbstrukturiertes Lernen" oder nicht formelles Lernen.

Das informelle Lernen ist für ihn ein Teil des nicht formellen Lernens. Er bezeichnet es als „zufälliges Lernen" oder auch Erfahrungslernen, welches sich in Alltagssituationen ergibt, z.B. am Arbeitsplatz, in der Freizeit oder der Familie. Das informelle Lernen entwickelt sich oft nicht bewusst und wird vom Bildungssystem nicht ausreichend wertgeschätzt und anerkannt.

Auch bei Björnavold liegt die grundlegende Unterscheidung zwischen nonformellen und informellen Lernen in der Intention des Lernenden: non-formelles Lernen ist geplant, informelles Lernen eher ungeplant.

Auch für **Dohmen** *(vgl. Dohmen 2001, S. 26-27)* ist das ausschlaggebende Kriterium für informelles Lernen, dass es nicht in Bildungsinstitutionen oder Lehrveranstaltungen durch einen Lehrenden betreut und kontrolliert wird, sondern dass es eigenverantwortlich vom Lernenden praktiziert wird. Dies kann sowohl bewusst als auch unbewusst sein und dient dazu, in bestimmten Anforderungssituationen besser zurechtzukommen. Häufiger ist es jedoch unbewusst und nur schwer oder gar nicht verbalisierbar. Das Lernen wird unmittelbar erfahren, es ist kein vorausschauendes, planendes Lernen. Es ist hauptsächlich situatives Lernen.

Demgegenüber definiert er das formale Lernen als strukturiertes Lernen in Bildungsinstitutionen, welches zu anerkannten Abschlüssen und Zertifikaten führt. Non-formelles Lernen definiert er als selbst- oder fremdorganisiertes Lernen, welches nicht zu formalen Abschlüssen führt. Auch hier unterscheiden sich also non-formelles und informelles Lernen sowohl in der Organisationsform als auch in der Lernintention.

Für **Reischmann** *(vgl. Reischmann 1995)* ist die Organisationsform des Lernens eher zweitrangig. Er unterscheidet zwischen intentionalem Lernen und Lernen „en passant".

Intentionales Lernen ist für ihn Lernen, welches mit der Motivation und Absicht geschieht, Können oder Wissen zu erlangen. Die Lernenden haben also, gleichgültig ob fremd- oder selbstorganisiert, ein Lernziel.

Dem stellt er das Lernen „en passant" gegenüber. Dieses Lernen ergibt sich nebenbei, der Lernende nimmt es „en passant" mit, es ist nicht sein Ziel oder seine Absicht zu lernen. Reischmann wählt bewusst die Bezeichnung des Lernens „en passant", da dieser Begriff im Gegensatz zu Begriffen wie non-formelles, informelles, beiläufiges, inzidentelles Lernen usw. „positiv formuliert (...) und nicht aus anderen Theoriezusammenhängen bereits festgelegt ist" *(Reischmann 1995, S. 203)*.

Reischmann unterscheidet drei Unterformen des Lernens „en passant".

Zum einen intentionale, aber ohne die Absicht zu lernen, unternommene Aktivitäten, wie z.B. das Unternehmen einer Reise oder die Arbeit in Bürgerinitiativen. Während dieser Aktivitäten sind deutliche Lerngewinne und Lernbemühungen zu verzeichnen, auch wenn Lernen nicht das ursprüngliche Ziel dieser Aktivitäten war.

Zum anderen führen unvorhersehbare Ereignisse im Leben zu einer Lernerfahrung, wie z.B. Krankheit, ein Unfall, Beziehungskrisen.

Des Weiteren nennt Reischmann „ein im Leben implizit, mosaiksteinartig eingebautes Lernen" *(Reischmann 1995, S. 201)*. Durch dieses Lernen werden Kompetenzen angeeignet, deren Lernherkunft später nicht mehr identifiziert werden kann (s. Abb. 1).

Reischmann betont, dass die beiden Begriffe „intentionales Lernen" und Lernen „en passant" sich nicht gegenseitig ausschließen, sondern in wechselseitiger Beziehung zueinander stehen: intentionales Lernen enthält immer auch nicht-intentionale Anteile und Lernen „en passant" kann immer auch zu intentionalem Lernen führen.

„Lernen en passant kann man nicht bewusst ´machen´. Man kann aber bewusst machen, daß hier eine mächtige Ressource liegt, die bei der lebensbreiten Bildung nicht übersehen werden darf" *(Reischmann 1995, S. 204).*

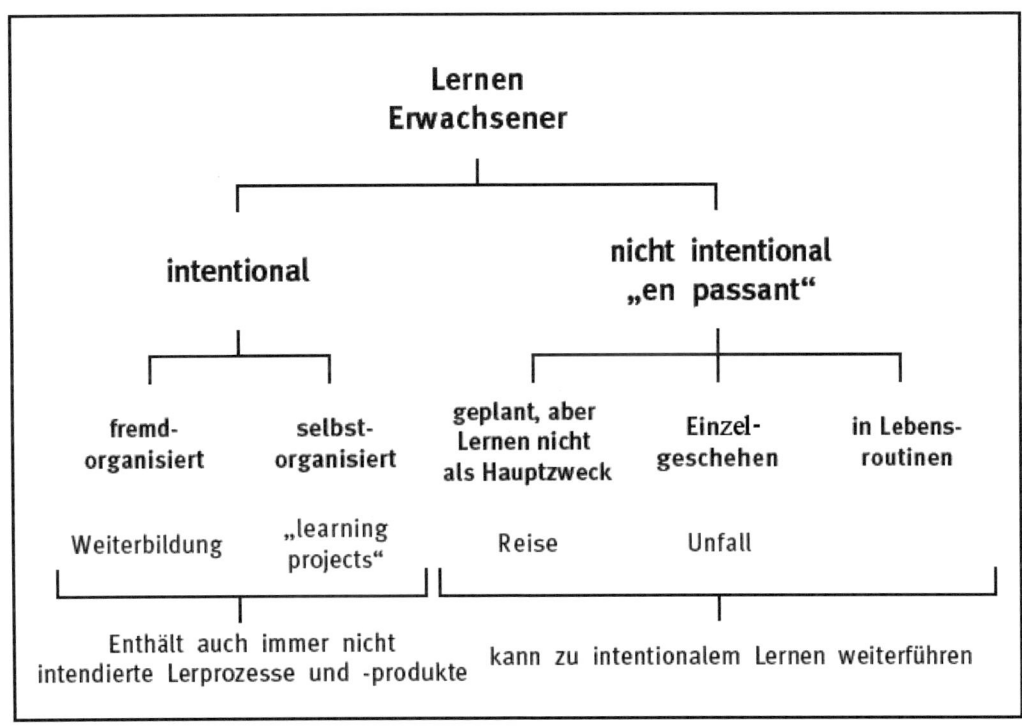

Abb. 1: Gesamtbereich des Lernens Erwachsener als Strukturschema (Reischmann 1995, S. 200).

Dehnbostel *(vgl. Dehnbostel 2002, S. 5-7)* unterscheidet im Kontext des betrieblichen Lernens das organisierte Lernen (formelles Lernen) und das informelle Lernen.

Beim organisierten Lernen wird größtenteils theoretisches Wissen vermittelt. Es gibt festgelegte Lerninhalte und Lernziele und es wird auf ein bestimmtes Lernergebnis hingearbeitet.

Das informelle Lernen unterteilt er nochmals in Erfahrungslernen und implizites Lernen. Beim Erfahrungslernen werden Erfahrungen reflektiert und bewusst verarbeitet, während implizites Lernen unmittelbar erfahren wird. Es werden beim impliziten Lernen keine Gesetzmäßigkeiten oder Regeln erkannt, es findet also unbewusst und unreflektiert statt.

Durch die Kombination des durch organisiertes Lernen theoretisch aufgebauten Wissens und des durch informelles Lernen erprobten Erfahrungswissens entsteht ein Handlungswissen. Dehnbostel betont wie schon Reischmann, dass formelles und informelles Lernen keine separaten, in sich geschlossenen Lernformen sind, sondern sich gegenseitig anregen. So wird sowohl das Erfahrungswissen vom organisierten Lernen angeregt als auch umgekehrt das Theoriewissen durch das Erfahrungslernen angereichert (s. Abb. 2).

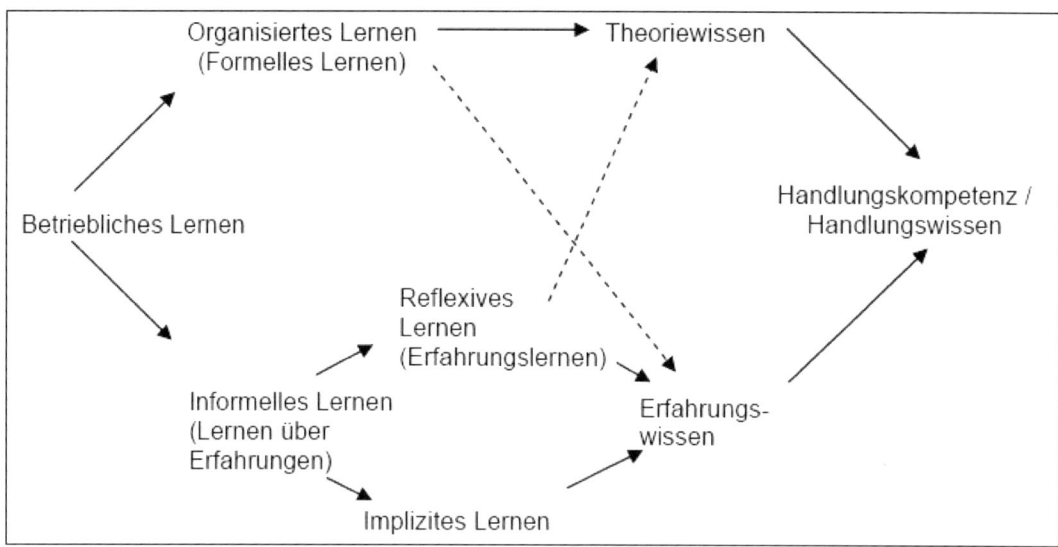

Abb. 2: Betriebliche Lern- und Wissensarten (Dehnbostel 2002, S. 6).

Wie die anderen Autoren auch kommt Dehnbostel zu der Ansicht, dass informelles Lernen ein bisher nicht ausreichend anerkanntes Lernen in der Lebens- und Arbeitswelt ist.

Laur-Ernst *(vgl. Laur-Ernst 2000, S.162-167)* unterscheidet formalisiertes und informelles Lernen mithilfe der Begriffe Angebot und Nachfrage.

Formalisiertes Lernen geschieht unter bestimmten Rahmenbedingungen und den Vorgaben eines institutionellen Angebots. Dieses Angebot hat mit den vorgegebenen Ausbildungsplänen eine klare Zielsetzung.

Das informelle Lernen entsteht primär aufgrund einer individuellen Nachfrage. Es ist individuell unterschiedlich, es ereignet sich überall, ist normalerweise nicht zu verhindern und hängt von den Merkmalen der individuellen Persönlichkeit und der persönlichen Lern- und Lebensbiographie ab. Das informelle Lernen kann sowohl intentional aufgrund einer Wissenslücke oder eines erlebten Kompetenzdefizits geschehen, als auch unbewusst und beiläufig. Das beiläufige Lernen kann sowohl positive als auch negative Auswirkungen auf die Lernziele haben.

Laur-Ernst grenzt den Begriff des Erfahrungslernens vom informellen Lernen ab. Sie begründet es damit, dass in der Berufsbildung in Deutschland auch ein didaktisch vorbereitetes Erfahrungslernen eine Rolle spielt. Es gibt also sowohl bewusst eingeplantes Erfahrungslernen durch formalisierte Lehr-Lernprozesse als auch das informelle Erfahrungslernen, z.B. im betrieblichen Alltag.

Kirchhöfer *(vgl. Kirchhöfer 2001, S. 111-115)* benutzt den Begriff des informellen Lernens nur sehr eingeschränkt. Im Gegensatz zu Reischmann und anderen Autoren schließt er in seiner Definition das nicht-intendierte und beiläufige Lernen vom informellen Lernen aus, denn „im Unterschied zum beiläufigen oder Erfahrungslernen wird das Individuum sich beim informellen Lernen seiner Lernsituation bewusst, es organisiert sein Lernen, steuert es und reflektiert darüber" *(Kirchhöfer 2001, S. 112)*.

Entscheidendes Kriterium für informelles Lernen ist für ihn also das selbstorganisierte, nicht durch curriculare Vorgaben gesteuerte Lernen.

Auch Kirchhöfer betont, dass Lernprozesse sich niemals nur innerhalb einer Form, also entweder nur formell oder nur informell, bewegen, sondern dass ständig ein Formenwechsel stattfindet.

Straka *(vgl. Straka 2000, S. 21-31 & Straka 2001, S. 255-258)* unterscheidet nicht zwischen formellem, non-formellem und informellem Lernen, sondern zwischen Lernen unter formellen, non-formellen und informellen Umgebungsbedingungen. Er begründet das damit, dass Lernen im Grunde immer informell stattfindet, denn selbst in Bildungseinrichtungen und sozialen Kontexten ist Lernen ein individuell und intern ablaufender Prozess ohne äußere Form. Wenn also zwischen den drei Lernformen unterschieden wird, „kann sich aus der Perspektive eines Lernenden diese Abgrenzung nur aus der Beschaffenheit der Umgebungsbedingungen ergeben" *(Straka 2001, S. 256)*.

Lernen unter informellen Bedingungen findet außerhalb von institutionalisierten Lehrarrangements statt.

Lernen unter formellen Umgebungsbedingungen findet in Bildungsinstitutionen statt, in denen Lehrpersonen Lernende betreuen, kontrollieren, organisieren sowie zertifizieren.

Lernen unter non-formellen Umgebungsbedingungen unterscheidet sich vom formellen darin, dass es zwar Möglichkeiten einer Zertifizierung gibt, diese aber nicht staatlich anerkannt sind. Die Einrichtungen befinden sich jenseits des formalen Bildungssystems.

Straka führt noch eine weitere Kategorie zur Differenzierung von Lernen ein, welche innerhalb der drei Umgebungsbedingungen das Erleben des Lernenden in den Blick nimmt. Er unterscheidet zwischen explizitem, implizitem und beiläufigem bzw. zufälligem Lernen.

Explizites Lernen ist demnach absichtsgeleitetes, bewusstes Lernen und kann, aus Kontexten gelöst, reproduziert werden.

Implizites Lernen findet ohne Absicht statt, der Lernende erzielt ein Lernergebnis, ohne das er weiß, was und wie er gelernt hat. Das Gelernte ist ganzheitlich in Kontexte eingebettet.

Beiläufiges Lernen unterliegt nicht dieser strengen Einordnung. „So kann im Rahmen der alternativen Bildungsarbeit überraschend eine Frage aufkommen, die einer oder mehreren Personen so interessant erscheint, um ihr mit Lernabsicht nachzugehen" *(Straka 2001, S. 257)*.

Explizites Lernen findet primär in formellen und non-formellen Umgebungen statt, jedoch kann auch in informellen Lernumgebungen explizit gelernt werden.

Umgekehrt findet auch in formellen Lernumgebungen implizites und beiläufiges Lernen statt (Abbildung 3 zeigt die unterschiedlichen Ausprägungsgrade des expliziten, beiläufigen und impliziten Lernens in den jeweils formellen, non-formellen und informellen Umgebungsbedingungen).

Umgebungs-bedingungen Lernformen	formell Unterricht in öffentlichen Schulen	non-formell Kurse (Betrieb, VHS, Schul-AG)	informell Bürgerinitiative
Explizit	xxx	xx	x
Beiläufig/zufällig	x	xx	xxx
Implizit	x	xx	xxx

Abb. 3: Explizites, beiläufiges und implizites Lernen (Straka 2001, S. 257).

Für **Marsick** und **Watkins** *(vgl. Marsick/Watkins 1992)* ist das wichtigste Kennzeichen informellen Lernens die eigene Verarbeitung von Erfahrungen außerhalb formaler Bildungseinrichtungen. Es ist in die tägliche Arbeit und Routine eingebettet, z.B. am Arbeitsplatz. Ziel des informellen Lernens ist nicht das Lernen selber, sondern die Bewältigung einer bestimmten Aufgabe und das Entwickeln neuer Lösungsmöglichkeiten, wenn z.B. routinierte Verhaltensweisen versagen. Informelles Lernen ist also instrumentelles Lernen, es ist ein Mittel zum Zweck. Das informelle Lernen kann sowohl unabsichtlich und beiläufig, aber auch bewusst und absichtlich erfolgen. Ersteres kann problematisch werden, da dadurch gewonnene falsche Erkenntnisse eventuell unreflektiert bleiben. Unbewusstes Lernen sollte also wenigstens im Nachhinein dem Lernenden als Lernen bewusst gemacht werden.

Watkins/Marsick grenzen das unbewusste Lernen aufgrund dieser Problematik deutlich vom informellen Lernen ab und kommen zu einer zugespitzten Definition:

Demnach ist reflektiertes Lernen in der außerschulischen Umwelt („action with reflection") die Normalform des informellen Lernens.

Unreflektiertes Lernen („action without reflection") ist demnach die besondere Form des beiläufigen informellen Lernens.

Kennzeichen des formalen Lernens ist theoretisches Lernen ohne Handeln („reflection without action").

Wenn sich eine Verhaltensänderung ohne persönliche Lernaktivität ergibt, sich diese also ohne eine aktive Erfahrungsverarbeitung vollzieht („abscene of action and reflection") handelt es sich nicht mehr um Lernen, sondern um Sozialisation.

3.2 Verschiedene Paradigmen des informellen Lernens

Im folgenden Kapitel werden verschiedene Paradigmen des informellen Lernens dargestellt *(vgl. Dohmen 2001, S. 27-49)*. Es handelt sich bei allen folgenden Definitionsabgrenzungen um unterschiedliche Schwerpunkte innerhalb des Begriffs des informellen Lernens. Diese sollen verdeutlichen, wie umfassend der Begriff des informellen Lernens ist, und zu einem besseren Gesamtverständnis über das informelle Lernen beitragen.

Zuerst werden Erfahrungslernen, implizites Lernen, Alltagslernen und selbstgesteuertes Lernen als Elemente des Oberbegriffs „informelles Lernen" betrachtet. Die verschiedenen Elemente des informellen Lernens verknüpfen sich schließlich zu dem Lernen mit einer bestimmten Zielsetzung, der Kompetenzentwicklung und zum Lernen an einem bestimmten Ort, dem Arbeitsplatz (s. Abb. 4).

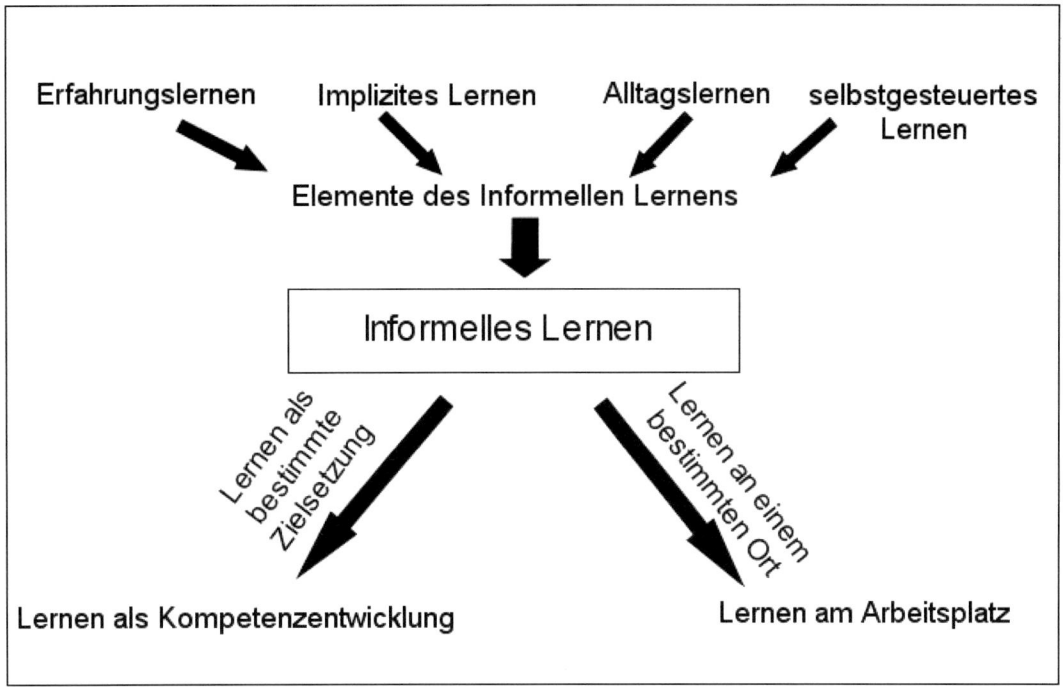

Abb. 4: Paradigmen des informellen Lernens (Grafik erstellt auf der Grundlage von Dohmen 2001, S. 27-49).

Zu beachten ist, dass die nun folgenden Darstellungen der Paradigmen auf den Definitionen von Dohmen beruhen und andere Autoren die dementsprechenden Begriffe anders definieren könnten.

3.2.1 Erfahrungslernen

Erfahrungslernen wird oft mit dem informellen Lernen gleichgesetzt. Erfahrungslernen ist „das direkte Verarbeiten von Primärerfahrungen zu jeweils handlungs- und problemlösungsrelevantem Wissen" *(Dohmen 2001, S. 27).* Es findet immer und überall statt.

Primärerfahrungen sind Erfahrungen, die der Lernende direkt im unmittelbaren Lebenszusammenhang verarbeitet. Sie sind die Quellen des informellen Lernens. Demgegenüber stehen die Sekundärerfahrungen. Sekundärerfahrungen sind Erfahrungen anderer. Sie sind künstlich arrangiertes, didaktisch-präpariertes und theoretisch-verbales Nachlernen von bereits fertigem Wissen. Sie werden somit eher in den klassischen, formalen Lernsituationen vermittelt.

Wenn die Eindrücke aus den Primärerfahrungen nur additiv aneinander gereiht werden, entsteht noch kein Wissenszuwachs. Die Eindrücke müssen aktiv im Lebenszusammenhang in die bisher entwickelten Wissenszusammenhänge eingeordnet werden. Es muss eine Reflexion stattfinden. Damit diese Reflexion stattfinden kann, müssen die Erfahrungen anschließen an bereits schon erarbeiteten Wissenszusammenhängen. Primär- und Sekundärerfahrungen müssen also kombiniert werden mit Theorien, Ideen, theoretischen Diskursen und anderen Dingen, die einem im Lebenszusammenhang begegnen können, ohne dass diese „den Charakter eigener ganzheitlicher Erfahrungen" *(Dohmen 2001, S. 34)* gewinnen. Umgekehrt gibt es auch im formalen Bildungsbereich Situationen, in denen Lernen gezielt durch Erfahrungsanstöße stattfindet.

Erfahrungslernen und informelles Lernen haben viele Gemeinsamkeiten. So wird bei beiden z.B. durch das unmittelbare Verarbeiten von Eindrücken, Erlebnissen, Informationen usw. Wissen erworben. Beide vollziehen sich außerhalb des formalen Bildungssystems in anderen Tätigkeitszusammenhängen und unter verschiedenen Umweltbedingungen. So können also Einsichten in Strukturen des Erfahrungslernens Aufschluss geben über wesentliche Züge des informellen Lernens.

3.2.2 Implizites Lernen

Wie auch schon beim Erfahrungslernen deckt das implizite Lernen nicht alle Facetten des informellen Lernens ab, sondern stellt nur einen Teil dessen dar. Es kann aber dadurch Einblicke in das Gesamtbild des Begriffs „informelles Lernen" geben.

Implizites Lernen ist nicht-intentionales, nicht bewusstes, nicht verbalisiertes Lernen, wie z.B. das Erlernen der Muttersprache oder das Erlernen eines Musikstils. Implizites Lernen führt trotz seiner nicht formalisierbaren und nicht verbal explizit zu machenden Lernprozesse zu praktischer Handlungskompetenz.

Wie informelles Lernen entwickelt es sich in den verschiedensten Zusammenhängen außerhalb des formalen Bildungssystems. Es steht nicht primär das Lernen im Vordergrund, sondern die Handlungen und Handlungsziele sowie die Bewältigung von bestimmten Situationen.

Es unterscheidet sich jedoch wesentlich vom informellen Lernen im Grad der Bewusstheit des Lernens, da es beim informellen Lernen durchaus auch intentionale und explizite Lernelemente geben kann.

3.2.3 Alltagslernen

Alltagslernen findet im unmittelbaren Alltag statt, z.B. das Erlernen der Funktionsweise von Haushaltsgeräten. Es ist für die Lernenden im Gegensatz zum schulischen Fachwissen plausibel und handlungswirksam. Dieses pragmatische Alltagswissen hilft, im täglichen Umgang mit Dingen, Situationen und sozialen Kontakten zurechtzukommen. Wie das informelle Lernen findet es nicht in formalen Lernumgebungen statt.

Eine Gefahr des Alltagswissens liegt in der Abwehrhaltung gegenüber allem neuen Wissen, welches nicht in die routinierten Handlungskonzepte hineinpasst, und in der Verschließung vor neuen Verhaltensmustern außerhalb der begrenzten eigenen Erfahrungen. Dem Lernenden sollten also sowohl die Stärken des Alltagslernens (Wende vom formalisierten, entfremdeten, theoretischen Lernen hin zu praktischem Handeln, konkreten Problemsituationen und Primärerfahrungen) als auch die Schwächen (Gefahr des Gefangenseins innerhalb eines Systems vertrauter Alltagsroutinen) bewusst sein. Dies gilt auch für das informelle Lernen insgesamt, „nur in einer mehrspektivischen *[sic!]* Sicht kann dieses (...) angemessen erfasst und verstanden werden" *(Dohmen 2001, S. 39).*

3.2.4 Selbstgesteuertes Lernen

Auch zwischen selbstgesteuertem Lernen und informellem Lernen gibt es Berührungspunkte: Lehrer- und institutionsunabhängig kontrolliert der Lernende sein Lernen selbst. Die Lernenden entscheiden selbst über ihre Lernziele, über die Nutzung der Lernangebote und über Lernunterstützungen.

Ein Unterschied zum informellen Lernen liegt auch hier in der Bewusstheit dieser Lernprozesse. Während beim impliziten Lernen die Lernprozesse zumeist unbewusst ablaufen, ist bei dem selbstgesteuerten Lernen das Gegenteil der Fall: Der Lernende entscheidet selbstbewusst über sein Lernen.

Selbstgesteuertes Lernen kommt sowohl im formellen Bereich als auch im informellen Bereich vor. Im informellen geht es dann darum, die richtige Balance zu finden zwischen Selbstbestimmung und der Offenheit für Anregungen und Hilfe von Außen. Lernende sollen also ihre informellen Lernprozesse nicht alleine organisieren, sondern unter Einbeziehung von fremden Hilfen und Angeboten selbst steuern. Informelles und selbstgesteuertes Lernen sind also auf „eine zunehmende wechselseitige Annäherung angelegt" *(Dohmen 2001, S. 42)*.

3.2.5 Kompetenzentwickelndes Lernen und Lernen am Arbeitsplatz

Die Kompetenzentwicklung durch informelles Lernen vereint die schon genannten Unterkategorien des informellen Lernens (Erfahrungslernen, implizites Lernen, Alltagslernen und selbstgesteuertes Lernen) mit einer bestimmten Zielsetzung.

Allein durch Wissensvermittlung ist die Entwicklung von Kompetenzen nicht möglich, sie müssen sich durch tätigkeitsnahes Lernen entwickeln. Sie können zwar in Bildungseinrichtungen angeregt werden, die Bildung von Kompetenzen muss jedoch durch informelles Lernen in Handlungszusammenhängen angeeignet werden. Sie muss sich entwickeln in authentischen Lebens- bzw. Arbeitszusammenhängen. Dies ist beim Erfahrungslernen der Fall, welches im Wesentlichen informelles, tätigkeitsintegriertes Lernen ist. Die beim impliziten und im Alltagslernen erworbenen Handlungskompetenzen sind das Potential für den Ausbau anderer Kompetenzen. Da Selbstorganisation und Selbststeuerungsfähigkeit oft als Kompetenzen verstanden werden, ist auch das selbstgesteuerte Lernen in dem kompetenzentwickelten Lernen integriert.

Beim Lernen am Arbeitsplatz werden Erfahrungslernen, implizites Lernen, Alltagslernen und selbstgesteuertes Lernen an einem bestimmten Ort vereint. Informelles Lernen im sozialen Umfeld und somit auch am Arbeitsplatz ist „eine besonders prominente Konsequenz aus dem Prinzip des Lernens in bedeutsamen und plausiblen Aufgaben-, Problemlösungs- und Praxisanwendungszusammenhängen" *(Dohmen 2001, S. 47)*.

Über mögliche Kritikpunkte einer solchen Verknüpfung informellen Lernens mit der Kompetenzentwicklung und dem Lernen am Arbeitsplatz wird in Kapitel 5 näher eingegangen.

3.3 Informelles Lernen und die Konsequenzen für die Bildungspolitik

In Kapitel 3.1 wurde deutlich, dass eine einheitliche und eindeutige Definition informellen Lernens bis heute nicht existiert. Begriffe wie selbstgesteuertes Lernen, Erfahrungslernen, informelles Lernen, implizites Lernen usw. werden von verschiedenen Autoren unterschiedlich definiert. Daher ist es schwierig, Forschungsergebnisse zu vergleichen oder einheitliche didaktische Konzepte zu entwickeln, in denen informelles Lernen aufgegriffen werden könnte – z.B. die Frage, ob informelles Lernen gelehrt werden kann *(vgl. Kirchhöfer 2001, S. 142)*.

Auch gibt es kaum Erkenntnisse über Ausgangsbedingungen des informellen Lernens. Es müssten die personalen und kulturellen Einflussfaktoren auf die Ergebnisse informellen Lernens untersucht werden.

„Wer lernt wie und warum besonders effizient, wer verfolgt konsequent warum eigene Fragestellungen bis hin zu einer (vorläufigen) Lösung? Welche Rolle spielt wie erworbene Allgemeinbildung als Voraussetzung für dieses Lernen. Kommt der schulischen Bildung eine Schlüsselrolle zu, inwieweit dient sie der Aufrechterhaltung so–zialer Lerngrenzen auch bezogen auf informelles Lernen?" *(Overwien 2004, S. 91)*.

Björnavold macht immer wieder darauf aufmerksam, dass die Unterscheidungen zwischen formellem, non-formellem und informellem Lernen nicht neu sind, sondern erst in letzter Zeit größere Aufmerksamkeit erfahren. Einen Grund sieht er in den neuen Ausrichtungen der Bildungspolitik, die nicht mehr fragt wo, wie oder wann man sich Kompetenzen angeeignet hat, sondern die nur noch auf das Ergebnis schaut. Ein weiterer Grund ist für ihn der immer wichtiger gewordene Begriff des lebenslangen Lernens, welcher das Lernen außerhalb von Institutionen und spezialisierten Medien in den Fokus rückt *(vgl. Björnavold 2001, S. 23 ff.)*.

Dass die Anerkennung von durch informelles Lernen erworbenen Kompetenzen wichtig ist, wird deutlich, wenn man sich vor Augen führt, dass etwa 70-90 % der berufsrelevanten Kompetenzen informell und selbstgesteuert erworben werden *(vgl. Laur-Ernst 2000, S. 161)*. Trotz dieser hohen Prozentzahl darf das informelle Lernen aber nicht als „Konkurrenz" zum formalen Lernen gesehen werden. Die beiden Lernformen stellen keine Alternativen dar, sie ergänzen sich vielmehr. So sollte auch eher eine Gleichstellung von formalem und informellem Lernen in der Gesellschaft erfolgen. Da Alltags- und Berufswelt viel zu komplex sind, müssen innerhalb von Bildungsinstitutionen Lernprozesse stattfinden, um aus dem eigenen engen Erfahrungskreis auszubrechen und um das in der Lebenspraxis Gelernte angemessen reflektieren zu können. Für bewusstes Handeln in der Welt benötigt man ein systematisiertes, theoretisches Wissen, welches nicht auf informellen Wege erworben werden kann *(vgl. Wittwer*

2003, S. 21). Dadurch, dass das Wissen aber immer schneller veraltet, ist der Mensch auf lebenslanges Lernen angewiesen. Dieses kann nicht nur in Bildungsinstitutionen stattfinden. Hier müssen informelle Lernprozesse kurzfristige und problemorientierte Lösungen liefern.

Das informelle Lernen übernimmt so „eine wichtige Funktion, indem es die Ergebnisse formellen Lernens aufnimmt, diese aktualisiert, vertieft, ergänzt und sich mit diesen aus der Perspektive der Praxis auseinander setzt oder ganz neue und andere Lernmöglichkeiten bzw. Lernwege eröffnet, die wiederum Anlass für formelles Lernen sein können. Formelles und informelles Lernen greifen ineinander und bedingen sich wechselseitig" *(Wittwer 2003, S. 22)*. Die formalen Bildungsinstitutionen müssen helfen, dieses informelle Lernen in eine bestimmte Richtung zu entwickeln. Sie liefern die Grundlage und die Kompetenzen für das freiwillige, lebenslange Weiterlernen. Sie müssen zu einem konsequenten, selbstgesteuerten, informellen Lernen ermutigen.

Wenn etwa 70 % der Lernprozesse außerhalb des Bildungssystems stattfinden, demgegenüber aber nur die Leistungen, die innerhalb einer Bildungsinstitution erworben wurden, anerkannt werden, entsteht eine ungerechtfertigte Verzerrung der Kompetenzen. Die Anerkennung des durch informelle Lernprozesse erworbenen Wissens ist somit ein Schritt zur Überwindung dieser Kompetenzverzerrung. Eine Anerkennung würde eine größere Bewegungsfreiheit innerhalb des Bildungssystems bewirken. Es würde der Zugang zum Arbeitsmarkt, aber auch der Zugang zum Lernen selbst erleichtert werden *(vgl. BMBF 2004, S. 43)*. Es könnte Chancengleichheit hergestellt und bisher ungenutzte Kompetenzpotentiale aufgedeckt werden für diejenigen, welche im traditionellen Bildungssystem aus welchen Gründen auch immer nicht erfolgreich waren.

Informelles Lernen als ein Teil des lebenslangen Lernens oder „lebensumspannenden Lernens" *(vgl. Kommission der Europäischen Gemeinschaften 2000, S. 10)* hilft den Menschen dabei, den laufenden Veränderungen am Arbeitsmarkt und dem dadurch immer wieder notwendigen Lernen, Umlernen und Weiterlernen zu begegnen. Neue Technologien zwingen die Menschen dazu, durch selbstständiges Lernen auch außerhalb von Bildungsinstitutionen die hohen

Anforderungen an die Lernkompetenzen zu bewältigen. Zudem interessieren sich die Menschen heute weniger für ein grundlegendes theoretisches Wissen, sondern vielmehr für direktes, alltagstaugliches Wissen, welches persönlich für sie wichtig ist *(vgl. Dohmen 2001, S. 16).*

Wenn also in das lebenslange Lernen die informellen Lernelemente einbezogen werden, wenn formelles Lernen und informelles Lernen, das Alltagslernen, das Erfahrungslernen, das implizite Lernen usw. gleichermaßen anerkannt werden, dann ist ein großer Schritt hin zur Überwindung der Bildungskluft erreicht.

Ziel einer Dokumentation und Anerkennung informellen Lernens ist also die Offenlegung und Bewertung aller Kompetenzen des Einzelnen, gleichgültig in welchen Zusammenhängen diese angeeignet wurden.

Die Anerkennung informellen Lernens setzt einen entsprechenden, bildungspolitischen Bezugsrahmen voraus. Informelles Lernen muss einen wichtigen und gleichwertigen Stellenwert in der Gesellschaft erhalten. Es muss sichergestellt werden, dass das Prüfungs- und Bewertungsverfahren transparent, einheitlich und valide die Besonderheiten informellen Wissens einordnen kann. So wäre es nicht der Sache zuträglich, wenn in den Aufgaben nur objektives Wissen abgefragt werden würde. Denn wenn hier die Anforderungen gestellt werden, auf die im formalen Bildungsweg hingearbeitet wird, dann kann man den Kompetenzen nicht gerecht werden, die ausserhalb formaler Einrichtungen erworben wurden und für Leben, Beruf und Studium gleichwertig sein können *(vgl. Dohmen 2001, S. 128).*

Die erreichten Zertifikate müssen von den Akteuren des Arbeitsmarktes und des Bildungssystems anerkannt werden und den Standards des formalen Bildungssystems entsprechen. Es reicht also nicht, die traditionellen Abschlussprüfungen für Externe zugänglich zu machen. Es müssen neue Kompetenzprüfungsverfahren erarbeitet werden, die dem informellen Lernen gerecht werden. Ausgestellt werden müssen diese Zertifikate von einer gesellschaftlich anerkannten Institution. Durch diese Zertifikate muss ein Zugang zu weiterführenden Bildungsinstitutionen ermöglicht werden. So kann eine breite Anerkennung der informellen Kompetenzen erfolgen und somit ein Schritt zur Gleichstellung zum formalen Lernen getan werden. *(vgl. Laur-Ernst 2000, S. 173).*

Einige Instrumente zur Anerkennung des informellen Lernens werden im nächsten Kapitel ausführlich vorgestellt.

4. Validierung informellen Lernens

In Deutschland spielte die Diskussion um Anerkennung informell erworbener Kompetenzen lange Zeit nur eine Nebenrolle. „Dies liegt vor allem darin begründet, dass durch das deutsche Berufsbildungssystem ein hoher Grad von Formalisierung erreicht ist, der in anerkannten Zertifikaten seinen Niederschlag findet" *(Gnahs 2005, S. 26)*. Dies hat dazu geführt, dass der Handlungsdruck, Ergebnisse informeller Lernprozesse anzuerkennen, vergleichsweise niedrig war. In den letzten Jahren ist in Deutschland jedoch ein Perspektivenwechsel bei der Bewertung des Lernens zu beobachten. Es geht nicht mehr nur darum, wie und wo gelernt wurde. Die Bedeutung der Lernergebnisse tritt zunehmend in den Vordergrund. Dies äußert sich in einer Vielzahl von Initiativen und Projekten, welche die Anerkennung informell erworbener Kompetenzen in das Blickfeld rückt.

In Kapitel 4.2 werden zunächst ausgewählte internationale Modelle zur Validierung informellen Lernens vorgestellt. In Kapitel 4.3 geht es schließlich darum darzustellen, welche Anerkennungsmöglichkeiten für informell erworbene Kompetenzen in Deutschland schon vorhanden sind, sowie um die einzelnen Modellprojekte von Weiterbildungspässen, die sich momentan in der Erprobung befinden. Doch zunächst wird in Kapitel 4.1 eine Definition des Kompetenzbegriffs vorgenommen und von dem Begriff der Qualifikation abgegrenzt. Außerdem werden die verschiedenen Begriffe zur Anerkennung von Kompetenzen definiert.

4.1 Definition: Anerkennung von Kompetenzen – Abgrenzung zum Qualifikationsbegriff

Die Begriffe „Qualifikation" und „Kompetenz" kommen im Zusammenhang mit der Validierung informellen Lernens immer wieder vor. Oft kommt es hierbei zu Unklarheiten zwischen den Begriffen. Die Beziehungen der beiden Begriffe müssen durch Definition möglichst genau bestimmt werden, da Merkmale wie Wissen, Können, Selbstständigkeit, Handlungsfähigkeit, Urteilskraft usw. mit beiden Begriffen verknüpft sind *(vgl. Schaub/Zenke 2002, S. 448).*

Der Begriff Qualifikation wird benutzt für die Beschreibung des allgemeinen Bildungsstandes oder die Fähigkeiten eines Individuums zur Bewältigung beruflicher Anforderungen. Bezugspunkte sind hier die in formalen Bildungsinstitutionen erworbenen Qualifikationen, also die formale Befähigung zur Ausübung einer bestimmten Tätigkeit oder eines Aufgabenspektrums *(vgl. Frank 2003, S. 179).*

Kompetenzen sind die gesamten Fähigkeiten eines Individuums, mit deren Hilfe es Aufgaben angemessen bewältigen kann. Kompetenz ist stärker auf die Persönlichkeit des Einzelnen bezogen. Sie umfasst die gesamten Handlungsdispositionen und Selbstorganisationsfähigkeiten einer Person. Kompetenz verfolgt also einen ganzheitlichen Anspruch. Dies steht im Gegensatz zur Qualifikation, deren Schwerpunkt auf unmittelbar tätigkeitsbezogenen Kenntnissen, Fähigkeiten und Fertigkeiten liegt. Qualifikation ist immer auf die Erfüllung vorgegebener Ziele gerichtet, also fremd organisiert. Sie ist weitgehend auf konvergent-anforderungsorientierte Handlungs- und Tätigkeitssituationen bezogen.

Die Entwicklung von Kompetenzen ist ein weitgehend selbst gesteuerter Lernprozess, die Kompetenzen entwickeln sich sowohl innerhalb als auch außerhalb von Erwerbsarbeit in der reflexiven Auseinandersetzung mit bestimmten Aufgaben, Anforderungen und Herausforderungen; sie sind subjektbezogen. Qualifikation beschränkt sich auf die Erfüllung konkreter Nachfragen und Anforderungen, ist also objektbezogen *(vgl. Arnold 2000, S. 269).*

Qualifikation und Kompetenz sind keine Gegensätze. „Kompetenz setzt Qualifikation voraus, Qualifikation garantiert aber in keiner Weise Kompetenz" *(Erpenbeck 2005, S. 46)*.

Auch bei den Begriffen zur Anerkennung von Kompetenzen gibt es oft nicht einheitliche Auffassungen. Die folgenden Definitionen sind Björnavold entnommen *(vgl. Björnavold 2001, S. 229-233)*.

Anerkennung von Kompetenzen bezeichnet den gesamten Prozess der offiziellen Anerkennung von Kompetenzen, egal ob sie formal (durch Zeugnisse oder Diplome) oder informell (z.B. durch Anrechnungspunkte) erworben wurden. Auch die gesellschaftliche Anerkennung wird durch diesen Begriff umschlossen. Es lassen sich zwei Hauptansätze zur Anerkennung von Kompetenzen unterscheiden – die formale Anerkennung und die gesellschaftliche bzw. berufliche Anerkennung.

Die formale Anerkennung umfasst Ermittlung, Bewertung und Validierung von Kompetenzen, sie soll individuelle Qualifikationen so sichtbar wie möglich machen. Dies kann formal (z.B. durch Zeugnisse und Diplome) als auch gesellschaftlich (Anerkennung auf dem Arbeitsmarkt) geschehen.

Die gesellschaftliche bzw. berufliche Anerkennung soll die Arbeitssuche und die Entwicklung der Karriere unterstützen bzw. fördern. Hier werden Kompetenzen, die bei der Ausbildung erworben wurden, berücksichtigt.

Die Anerkennung von Kompetenzen erfolgt auf zwei Arten: Sie können zertifiziert werden (meist formal erworbene Kompetenzen) oder validiert (meist nicht formale und informell erworbene Kompetenzen). Die Zertifizierung von Kompetenzen bedeutet die Verleihung eines Zertifikats oder eines Zeugnisses. Dieses erkennt den Kenntnisstand einer Person förmlich an.

Im Gegensatz zur formalen Zertifizierung bezeichnet die Validierung nicht formaler Kenntnisse den Vorgang der Bewertung und Anerkennung eines ganzen Spektrums von Fertigkeiten und Kompetenzen. Diese können von der jeweiligen Person im Laufe ihres Lebens in den unterschiedlichsten Zusammenhängen erworben worden sein, z.B. durch Bildung, bei der Arbeit oder in der Freizeit.

4.2 Validierung informellen Lernens in internationalen Modellen

Die Entwicklung und Implementierung von Verfahren zur Beurteilung informeller Lernergebnisse ist im Ausland schon viel weiter als in Deutschland. In einigen Ländern, z.B. in den USA, in England, den Niederlanden, in den skandinavischen Ländern, in Frankreich und in der Schweiz wurden sogar schon Anrechnungs- und Doku–mentationssysteme eingeführt oder befinden sich in der Erprobung *(vgl. Frank 2003, S. 189)*. In diesem Kapitel werden die Verfahren von vier Ländern vorgestellt, dem Vereinigten Königreich, Norwegen, Frankreich und der Schweiz. Dort sind die Erfahrungen mit den jeweiligen Verfahren schon am weitesten fortgeschritten. Aufgrund anderer Ausgangsbedingungen und Traditionen sind diese Beispiele nicht auf Deutschland übertragbar. Sie können jedoch Impulse geben für zukünftige Planungen von Maßnahmen und politischen Überlegungen.

4.2.1 Das Vereinigte Königreich - NVQ-System mit APL-Verfahren

Anfang der Achtziger Jahre gab es in England und Wales eine große Diskussion über die Schwächen des Berufsbildungssystems. So fehlten klare Strukturen in der Reglementierung der Berufsbildung, die Bildungsbeteiligung war unbefriedigend, es gab vielfältige Zugangsbarrieren zu beruflichen Qualifikationen und Abschlüssen und es dominierten Prüfungen, die lediglich Wissen abfragten. Fähigkeiten und Fertigkeiten wurden nicht berücksichtigt. Dadurch wurden auch informelle Lernprozesse vernachlässigt *(vgl. Ertl 2003, S. 69)*.

Als Reaktion auf diese Schwächen wurde 1987 ein nationales Qualifikationssystem im Bereich der Berufsbildung eingeführt, die National Vocational Qualifications (NVQ). Das NVQ-System ist im Prinzip offen für alle Lernwege. Das erfahrungsgestützte Lernen am Arbeitsplatz erfährt hierbei eine besondere Akzentuierung. So kommt es bei dem System nicht darauf an, wie oder wo man etwas gelernt hat, sondern was man gelernt hat. Informelles Lernen muss in solch einem System also berücksichtigt werden.

Um dies zu gewährleisten, wurde innerhalb des NVQ-Systems das sogenannte „accreditation of prior learning" (APL) eingeführt. Dieser spezielle Ansatz zur Bewertung von „früher erworbenen Kompetenzen" sollte die Bewertungs- und Prüfungsverfahren für die herkömmlichen formellen Lernwege ergänzen. Motiv für die Einführung dieses Bewertungsansatzes war, die Ausbildungszeit zu verkürzen, damit den Kandidaten eine Wiederholung von bereits Bekanntem erspart blieb. Kenntnisse und Fähigkeiten, die die Menschen bereits besitzen, sollten endlich formal anerkannt werden und so neue Beschäftigungsmöglich-keiten eröffnen. Auch sollte die Anzahl der Inhaber formeller Befähigungsnach-weise erhöht werden *(vgl. Björnavold 2001, S. 111f.)*.

Das NVQ-System richtet sich vornehmlich an in Beschäftigung stehende Ar-beitnehmer, deren im Laufe des Berufslebens entwickelte Fähigkeiten und Fertigkeiten identifiziert und zertifiziert werden sollen. Dadurch können z.B. eine Rückkehr in den Arbeitsmarkt nach einer Familienpause oder berufliche Umori-entierungen von der Qualifizierungsseite her gefördert werden.

NVQs sind modular aufgebaut. Sie bestehen aus einer festgelegten Anzahl von in sich selbst geschlossenen Teilen, den „units of compentence". Diese Kompe-tenzeinheiten sind unterteilt in die „occupational standards", welche von Agentu-ren der Arbeitgeberverbände bestimmt werden *(vgl. Abb. 5)*.

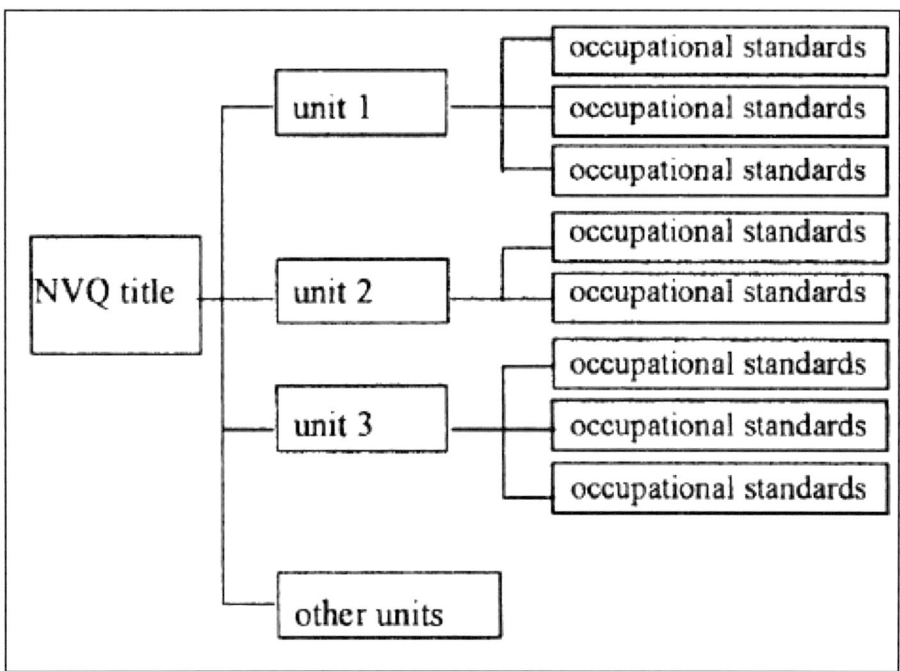

Abb. 5: Struktur von National Vocational Qualifications (Ertl 2003, S. 72).

Im APL-Verfahren muss der Kandidat nun die einzelnen Kompetenzeinheiten nachweisen. Die Kompetenzen des Kandidaten müssen also den in den einzelnen Units genannten Fähigkeiten entsprechen. Die occupational standards werden nicht formal anerkannt, nur die daraus zusammengestellten Units sind anrechenbar. Wenn also einzelne occupational standards nicht ausreichend nachgewiesen werden können, müssen zusätzliche Prüfungen durchgeführt werden, damit die Unit als ganze anerkannt werden kann *(vgl. Ertl 2003, S. 71f.)*.

Das NVQ-System hat großen Einfluss auf andere Länder gehabt. Viele Länder haben Elemente des NVQ-Systems in ihre eigenen experimentellen Projekte übernommen. Andere Länder benutzten das NVQ-System eher als Indikator für Fehler, die sie vermeiden wollten, sie verweisen auf die Probleme, die eine radikale Modularisierung mit sich bringt. Eine derartige Modularisierung, in welcher Kompetenzen so klein definiert sind, kann dazu führen, dass man am Ende nicht mehr sagen kann, ob das wirklich nennenswerte Kompetenzen sind, die bescheinigt werden. Auch der Kosten- und Arbeitsaufwand für Ergebnisse mit einem relativ geringen Aussagewert werden kritisiert *(vgl. Björnavold 2001, S. 110).*

Wie wird das APL-Verfahren nun konkret umgesetzt?

Die für das NVQ-System verantwortliche „Qualifications and Curriculum Authority" gibt nur eine grobe Grundstruktur vor, so dass sich die einzelnen Verläufe des Verfahrens unterscheiden. Es hat sich jedoch ein typisches Verlaufsschema herausgebildet, welches, abgesehen von kleinen Details, verwendet wird. Abbildung 6 zeigt die Phasen und Leitfragen des APL-Verfahrens. Der Verlauf ist in sechs Phasen unterteilt *(vgl. Ertl 2003, S. 73-76).*

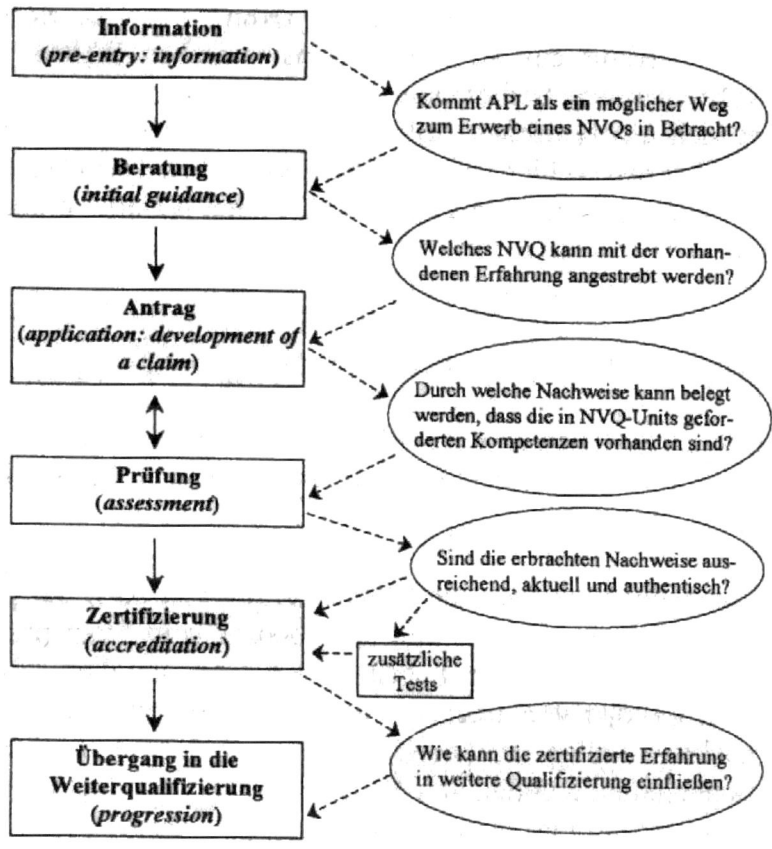

Abb. 6: Phasen und Leitfragen des APL-Verfahrens (Ertl 2003, S. 74).

Zunächst werden potentielle Kandidaten in der Informationsphase über das APL-Verfahren aufgeklärt. Die Möglichkeiten des APL sollen einer möglichst breiten Gruppe von Interessenten erläutert werden. Vor allem für die so genannten bildungsfernen Arbeitnehmer können durch das APL-Verfahren Einstiegsbarrieren für das NVQ-System beseitigt werden und somit die Teilnahme am lebenslangen Lernen näher gebracht werden.

Spezialisierte APL-Berater gehen in der Beratungsphase auf die individuelle Erwerbsbiographie der Kandidaten ein.

Im ersten Schritt wird eine Selbstbeurteilung aufgestellt. Hier kann der Kandidat ein Profil seiner Stärken und Schwächen entwickeln. Dazu gehören u.a. Informationen zu Fachwissen, beruflichen Fähigkeiten, Allgemeinbildung und Lernmotivation.

Im zweiten Schritt wird ein Berufsberater hinzugezogen, der den Kandidaten dabei hilft, den Selbsteinschätzungsprozess auszuwerten und die Frage zu beantworten, welche möglichen NVQs mit der vorhandenen Erfahrung angestrebt werden können. Viele Kandidaten verlieren nach der Aufstellung der Selbstbeurteilung das weitere Interesse und entscheiden sich gegen die Fortführung des APL-Verfahrens.

Entscheiden sie sich jedoch für einen APL-Antrag, muss nach der Entscheidung für ein bestimmtes NVQ der Nachweis der einzelnen Fähigkeiten, die für die Kompetenzeinheiten nötig sind, erbracht werden. Dies kann über Zeugnisse und Bescheinigungen anderer beruflicher Qualifikationen erfolgen. Neben dem Nachweis dieser formellen Qualifikationen können auch Anträge auf Anerkennung informell erworbener Kompetenzen gestellt werden. Dies geschieht mithilfe von Portfolios. Der Kandidat stellt diese mit seinem Berater zusammen und stellt sicher, dass aus diesen die geforderten Kompetenzen abgeleitet werden können. Die Nachweise können entweder direkt oder indirekt sein.

Zu direkten Nachweisen zählen selbst produzierte Arbeitsergebnisse, z.B. Computerprogramme, Arbeitsberichte, Werkstücke, Geschäftsbericht, kurzum, alles was dem Teilnehmer direkt zugerechnet werden kann.

Die indirekten Nachweise stammen nicht unmittelbar vom Kandidaten. Dies können z.B. Arbeitszeugnisse, Gutachten, Empfehlungsschreiben sein, also alle Nachweise, die seine Arbeitserfahrungen und Kompetenzen bestätigen.

In der Prüfungsphase werden die vorgelegten Nachweise mit den Anforderungen der einzelnen Kompetenzeinheiten in speziellen Assessment-Centern verglichen. So wird festgestellt, ob die Nachweise authentisch, d.h. wirklich dazu geeignet sind, Kompetenzen des Kandidaten nachzuweisen.

Es erfolgt außerdem eine Prüfung der Aktualität der Nachweise. Hier geht es darum zu überprüfen, ob die Kompetenzen aktuell beim Kandidaten vorhanden sind und er sie auch demonstrieren kann. Wenn die Nachweise ausreichend sind, also Umfang, Geschlossenheit und Zusammenhang des Portfolios über-zeugend sind und der Kandidat alle erforderlichen Kompetenzen besitzt, wird der Anerkennung zugestimmt. Ansonsten wird der Kandidat aufgefordert, zu-sätzliche Nachweise zu erbringen.

Es gibt auch teilweise die Möglichkeit, zusätzliche Tests für einzelne Elemente anzufordern, die durch die eingereichten Nachweise nicht ausreichend belegt werden konnten. So können z.B. schriftliche oder mündliche Aufgaben zum Ein-satz kommen, aber auch die Bearbeitung von einzelnen praktischen Aufgaben.

Die Zertifizierung erfolgt schließlich durch die so genannten awarding bodies, die offiziellen zertifizierenden Stellen des NVQ-Systems. Die awarding bodies beauftragen bei den APL-Prüfungen einen unabhängigen, externen Prüfer, der die Zuverlässigkeit der Prüfungen im Assessment-Center überwacht.

Die Zertifizierung der beruflichen Erfahrungen im APL-Verfahren stellt, wie schon erwähnt, nur einen Teil des NVQ-Systems dar. So geht es nach der Anerkennung der Erfahrungen darum, diese in die weitere Qualifizierung ein-fließen zu lassen.

4.2.2 Das „Realkompetanse Project" in Norwegen

In Norwegen war die Einführung eines Systems zur Anerkennung von Kompe-tenzen Teil einer umfassenden Kompetenzreform. Das Projekt „Realkompetan-se" lief von 1999 bis Mitte 2002 und wurde vom Staat, den Sozialpartnern und anderen Akteuren durchgeführt. Es sollte mehrere laufende Projekte, die sich mit der Dokumentation und Anerkennung der informellen Lernergebnisse be-schäftigen, koordinieren und so angemessene Verfahren zur Validierung von

Kompetenzen entwickeln und auf einer breiten Basis erproben *(vgl. Frank 2003, S. 197)*.

Ziele waren neben der Anerkennung und Dokumentation des informeller Lernergebnisse an verschiedenen Lernorten die Unterstützung flexiblen Lernens, Freistellungsansprüche für die Teilnahme an Bildungsmaßnahmen und Finanzierungsregelungen für die Weiterbildung.

Das lebenslange Lernen sollte auf die Kompetenzen ausgerichtet werden, welche für das Berufsleben, die Gesellschaft und für die persönliche Entwicklung wichtig sind. Informell erworbene Kompetenzen sollten ausdrücklich miteinbezogen werden.

Die entwickelten Dokumentations- und Anerkennungsverfahren umfassen den Kompetenzerwerb im Arbeitsprozess sowie im zivilen Leben, den so genannten dritten Sektor.

So sollte es allen Teilnehmern ermöglicht werden, unabhängig von der Erwerbsarbeit ein Kompetenzprofil aufstellen zu können und erworbene Kompetenzen anerkennen zu lassen. Die Anerkennung der Kompetenzen geschieht auf Antrag des Interessenten. Die Dokumentation erfolgt durch Selbstbeschreibungen und wird von Supervisoren in den im ganzen Land verteilten Skill Centren unterstützt. Die Supervisoren übernehmen auch die Anerkennung der Lernleistungen *(vgl. Frank 2003, S. 198)*. Die Qualifikation der Supervisoren ist das entscheidende Element für die gelingende Gestaltung des gesamten Prozesses. Vertiefte Kenntnisse über den Gegenstandsbereich der jeweiligen Berufsfelder bzw. in den Aufgabenfeldern im zivilen Bereich sind die Voraussetzung für eine angemessene Unterstützung und Begleitung der Teilnehmenden. Auch bei der Sichtbarmachung von verborgenen Kompetenzen sind die Supervisoren unverzichtbar.

Die Feststellung der Kompetenzen am Arbeitsplatz erfolgt in zwei Stufen. Sie wird in den einzelnen Unternehmen vorgenommen.

Es wird zunächst ein Lebenslauf entwickelt, das Curriculum Vitae. Dieses ist als Portfolio aufgemacht und soll sämtliche formale und informelle Lernaktivitäten des bisherigen Lebens erfassen. Auch das informelle Lernen im aktuellen Arbeitsumfeld gehört dazu. Der Teilnehmer erarbeitet dies selbstständig. Es ist ihm aber möglich, auf eine Unterstützung in Form von klar strukturierten Anleitungen zurückzugreifen. Ebenso ist eine Fremdbeurteilung einzelner Aspekte möglich.

Im zweiten Schritt erfolgt eine Fremdbeurteilung des Profils durch den Arbeitgeber. Treten unterschiedliche Auffassungen in einzelnen Punkten auf, wird ein Klärungsgespräch einberufen. Sind sowohl Arbeitnehmer als auch Arbeitgeber mit dem Ergebnis zufrieden, wird das Dokument von beiden unterzeichnet. Dieses so genannte Skill Certificate, Fähigkeitsbescheinigung, beschreibt „über welche Fähigkeiten der Beschäftigte zur Bewältigung der anstehenden beruflichen Aufgaben und Anforderungen verfügt" *(Frank 2003, S. 200f.)*.

Die zweite Säule des norwegischen Anerkennungssystems, die Anerkennung von Kompetenzen, welche im zivilen Leben erworben wurden, wird von sozialen und bürgerschaftlichen Institutionen vorgenommen. Auch hier stellt der Teilnehmer ein Curriculum Vitae auf und schätzt damit seine informellen Lernergebnisse ein. Um allen Bevölkerungsgruppen eine Selbsteinschätzung zu ermöglichen, kann auch hier bei der Erstellung eine Unterstützung in Anspruch genommen werden. Durch die Selbsteinschätzung soll die Förderung des Selbstbewusstseins anregt werden sowie die Bedeutung der Verwendung von erworbenen Kompetenzen für den weiteren Berufsweg.

Was am Ende in die Dokumente aufgenommen wird, entscheiden auch hier die Teilnehmer. Sie bestätigen mit ihrer Unterzeichnung, dass die Angaben zur Selbsteinschätzung wahrheitsgemäß sind. Die Fremdbeurteilung wird hier von den entsprechenden Institutionen und Verbänden vorgenommen *(vgl. Frank 2003, S. 202f.)*.

Seit 2001 hat jeder Erwachsene die Möglichkeit, auf Basis der anerkannten informellen Kompetenzen eine Berechtigung für ein Studium an einer Universität oder Fachhochschule zu erwerben. Für die Anerkennung dieser Studienberechtigungen sind die jeweiligen Fachhochschulen und Universitäten zuständig. Diese nehmen in festgelegten Verfahren wie z.B. Interviews, schriftlichen und praktischen Tests eine Bewertung vor und veranlassen auf deren Grundlage Pläne für die Betroffenen für die Anerkennung der notwendigen Bedingungen, wie z.B. bestimmter Kurse oder Leistungsnachweise *(vgl. Frank 2003, S. 200f.)*.

4.2.3 Frankreich – Die „bilan de compétences" & das Validierungsverfahren

Frankreich gilt als eines der am weitesten fortgeschrittenen Länder im Bereich der Ermittlung, Bewertung und Anerkennung nicht formal erworbener Kompetenzen.

Die 1985 eingeführte „bilan de compétences" ist einer der ersten Versuche, ein System zur Anerkennung informell erworbener Kompetenzen einzuführen. Sie soll die Validierung beruflicher Kompetenzen ermöglichen, die außerhalb formaler Bildungseinrichtungen erworben wurden.

Ein weiterer Ansatz zur Anerkennung ist das Validierungsverfahren. 1992 wurde ein Gesetz beschlossen, welches die Validierung der durch Berufserfahrung erworbenen Kompetenzen regelt. Dieses ist unmittelbar an das nationale Regelwerk für Diplome und Zeugnisse gekoppelt und stellt somit sowohl innerhalb, als auch außerhalb des formellen Bildungssystems erworbene Kompetenzen rechtlich miteinander gleich *(vgl. Björnavold 2001, S. 126-129).* Das Gesetz zur sozialen Modernisierung („modernisation sociale"), welches 2002 in Kraft getreten ist, erweiterte und systematisierte die Validierung von Kompetenzen für berufliche Abschlüsse.

4.2.3.1 Die „bilan de compétences"

Die bilan de compétences soll Kompetenzen erfassen, die außerhalb des formalen Bildungssystems erworben wurden. Beschäftigte sollen ihre beruflichen und persönlichen Fähigkeiten und individuellen Interessen reflektieren, um ihre berufliche Laufbahn und Weiterbildungswege besser planen zu können.

Seit dem Gesetz von 1985 wurden in Frankreich bereits mehr als 700 Organisationen und Institutionen als Bilanzierungszentren anerkannt. Diese Bilanzierungseinrichtungen können gemeinnützige Vereine, private oder öffentliche Einrichtungen sein. Sie sind zumeist auch auf anderen Feldern wie z.B. der Weiterbildung oder der Personalrekrutierung tätig *(vgl. Gutschow 2003, S. 128-130)*.

Die Initiative zur Erstellung einer Kompetenzbilanz kann sowohl von dem Beschäftigten als auch vom Arbeitgeber ausgehen. Der Betroffene muss aber seine Einwilligung zum Verfahren geben, die Teilnahme ist also stets freiwillig. Das Verfahren des bilan de compétences ist gesetzlich geregelt. Es ist in drei Phasen unterteilt *(vgl. Frank 2003, S. 191f.)*:

In der ersten Phase, der Vorphase, sollen die Interessen und Bedürfnisse des Antragsstellers geklärt werden. Es wird auch die Motivation des Teilnehmers geklärt und sein volles Engagement für die Bilanzierung gesichert. Verfahren und Methoden der Kompetenzerfassung werden erläutert. Des Weiteren wird die Freiwilligkeit der Beteiligung nochmals betont.

Die zweite Phase, die Durchführungsphase, kann teilweise in Gruppen bearbeitet werden. In der Durchführungsphase werden Kompetenzen, Fähigkeiten, Interessen und der Stand der Allgemeinbildung ermittelt, analysiert und erfasst. Anschließend werden berufliche Entwicklungsmöglichkeiten aufgezeigt.

Die dritte Phase kann in Teilen mit einer Berufsberatung verglichen werden. In dieser Phase, der Abschlussphase, werden schließlich die Ergebnisse der Kompetenzentwicklung mit dem einzelnen Teilnehmer diskutiert. Die Ergebnisse der Untersuchung dienen als Grundlage für einen Dialog über die geplanten Ausbildungs- und Berufsziele: Wie können diese am besten erreicht werden? Welche Faktoren erschweren die vereinbarten Ziele? Welche Umsetzungsschritte sind erforderlich?

Die Bilanzierung endet mit der Übergabe eines Synthesedokuments. Hier sind Angaben enthalten über die Rahmenbedingungen der Bilanzierung (Wer hat diese veranlasst und mit welchen Methoden wurde diese erstellt?), eine Auflistung der Kompetenzen und Fähigkeiten, bezogen auf das gesetzte Ziel, und die gegebenenfalls geplanten Realisierungsschritte. Dieses Dokument darf nur der teilnehmenden Person ausgehändigt und nicht ohne Einwilligung an Dritte weitergegeben werden.

Die gesetzlichen Bestimmungen sind sehr allgemein gehalten, so dass sich die methodischen Ansätze in den einzelnen Bilanzierungszentren unterscheiden. Für die angewandten Methoden gibt es keine genauen Vorgaben, sondern nur einige Grundsätze. So müssen die Methoden zuverlässig sein und das Personal, welches sich mit den bilans de compétences befasst, soll ausreichend qualifiziert sein und die Informationen vertraulich behandeln. Zentraler Bestandteil während des gesamten Bilanzierungsprozesses sind persönliche Gespräche. Auch werden Fähigkeits- und Persönlichkeitstests standardmäßig angewandt. Auch durch Simulationen und schriftliche oder praktische Arbeitsproben werden Portfolios erstellt, welche die erworbenen Kompetenzen belegen sollen *(vgl. Gutschow 2003. S.131f.).*

Die bilan de compétences wurde in den Neunziger Jahren in der französischen Fachöffentlichkeit kritisch diskutiert *(vgl. Gutschow 2003, S. 135f.).* So wird darauf verwiesen, dass trotz der Bemühungen, die nicht formalen Kompetenzen der Teilnehmer genauso wie die formalen zu erfassen, sich viele Synthesedokumente nur auf die formalen Elemente stützen, also z.B. nachweisbare Kompetenzen durch Zeugnisse und Diplome. Auch weisen die Synthesedokumente nur selten auf konkrete berufliche Pläne hin und geben zumeist nur allgemeine Empfehlungen für die weitere Ausbildung. Sie sind ausdrücklich kein auf dem Arbeitsmarkt anerkanntes Zertifikat für Kompetenznachweise.

Es stellt sich zudem die Frage, ob das Personal, welches meist psychologisch geschult ist und keinen Einblick in die tatsächlichen beruflichen Anforderungen und in betriebliche Prozesse hat, sondern sich nur anhand von festgeschriebenen Berufsklassifikationen und anerkannten Berufsbildern orientieren kann, in der Lage ist, die beruflichen Kompetenzen richtig einzuschätzen.

Dem Ruf des Verfahrens geschadet hat auch das Misstrauen, welches ihm von Arbeitgebern und Arbeitnehmern entgegengebracht wird. Wenn Arbeitnehmer einen Antrag auf ein Verfahren zur Kompetenzbilanzierung stellten, verstand der Arbeitgeber dies häufig als Vorbereitung auf einen Arbeitsplatzwechsel. Andererseits beantragten Unternehmen die Durchführung häufig vor Umstrukturierungsmaßnahmen mit anschließenden Kündigungen.

Die bilan de compétences bleibt trotz allem ein wichtiges Instrument der Berufsplanung. Sie kann „den Anstoß dazu geben, vorhandene Kompetenzen anrechnen zu lassen und die für einen Abschluss eventuell noch fehlenden gezielt zu erwerben" *(Gutschow 2003, S. 138).*

Im Folgenden werden nun die Validierungsverfahren näher vorgestellt, welche seit dem erlassenen Gesetz 2002 auch die Möglichkeit bieten, einen anerkannten Abschluss zu erreichen.

4.2.3.2 Das Validierungsverfahren

Die folgenden Ausführungen beziehen sich auf den Vortrag „La validation des acquis de l´expérience – Validierung der durch Berufserfahrung erworbenen Kompetenzen" von Chantal Labruyére, gehalten bei der Fachtagung „Informelles Lernen" im März 2004 in Bonn.

Das 1992 in Kraft getretene Gesetz zur Validierung der beruflichen Kompetenzen zielt darauf ab, die Ausbildungszeit zum Diplom zu verkürzen. Man verfolgt die Absicht, in Arbeitssituationen erworbene Kompetenzen von beruflich erfahrenen Beschäftigten mit einer Verkürzung der Bildungsdauer zum Erwerb des Diploms anzuerkennen. Durch diese Anerkennung sollen die Chancen dieser Personen auf dem Arbeitsmarkt erhöht werden bzw. deren berufliche Laufbahn im Unternehmen gefördert werden.

Das Verfahren zum Erwerb eines Diploms gliedert sich in mehrere Teile. Zunächst muss der Kandidat aufgrund seiner Erfahrungen und im Hinblick auf seine beruflichen Ziele das für ihn am besten geeignete Diplom auswählen. Daraufhin trifft er die Auswahl der einzelnen Einheiten des Diploms, die er durch Validierung seiner Kompetenzen anerkennen lassen will. Er darf jedoch nicht alle Einheiten beantragen. Mindestens eine Einheit muss in einer traditionellen Prüfung zum Ende der Bildungsmaßnahme bewältigt werden.

Nach Auswahl der Einheiten muss der Kandidat Unterlagen als Leistungsnachweise für diese Einheiten erarbeiten: So muss er einerseits seine berufliche Entwicklung beschreiben, sowie entsprechend belegen und er muss die erlebten Arbeitssituationen in Bezug setzen können zu den entsprechenden beantragten Einheiten des Diploms. Hierbei kann er sich methodische Unterstützung bei einem Fachbegleiter holen. Sobald alle Unterlagen zusammengestellt wurden, bewertet eine aus Lehrern und Berufsfachkräften zusammengesetzte Jury auf Grundlage dieser Unterlagen die Kompetenzen des Kandidaten. Sie gibt danach ein Urteil ab, welche Einheiten anerkannt und welche abgelehnt werden. Die abgelehnten Einheiten muss der Kandidat dann noch über den Weg der beruflichen Bildung erwerben.

Dieses Verfahren setzte eine erhebliche Umgestaltung des Weiterbildungsangebots voraus, denn es ging für die Kandidaten nicht mehr darum, das gesamte Diplom eines Studienganges abzulegen, sondern nur noch einzelne Einheiten. Es mussten außerdem zuverlässige Gremien geschaffen werden, die den Kandidaten in den einzelnen Phasen des Verfahrens begleiten und beraten konnten.

Im 2002 erlassenen Gesetz zur sozialen Modernisierung wurde das Validierungsverfahren erweitert. So wurde der Weg der Validierung von Kompetenzen auf alle Berufstitel und das Hochschulwesen ausgeweitet. Des Weiteren werden nun alle erworbenen Erfahrungen berücksichtigt, also z.B. persönlich gemachte Erfahrungen als aktive Gewerkschaftsmitglieder oder Erfahrungen in ehrenamtlichen Positionen. So können also beispielsweise Personen, denen bisher höhere Posten verstellt waren, ihre Managementkompetenzen dadurch nachweisen, dass sie schon die Möglichkeit hatten, als Vereinsvorsitzender Managerfähigkeiten zu erlangen.

Die wichtigste Änderung jedoch ist die Möglichkeit zur Erteilung des gesamten Diploms. Es werden also nicht mehr einzelne Einheiten zur Validierung ausgewählt, sondern der Kandidat stellt einen Antrag auf ein vollständiges Diplom. Es muss nicht mehr jede Einheit einzeln begründet werden, sondern es wird ein Gesamtantrag gestellt, welcher sich auf die durch das Diplom zertifizierte Qualifikation bezieht. Um die Aussichten für das gesamte Diplom zu verbessern, wird der Kandidat das Diplom wählen, welches seinem ausgeübten Beruf am nächsten kommt.

Die Jury entscheidet daraufhin, ob sie das Diplom als Ganzes oder in einzelne Einheiten erteilt. Sie prüft, ob die vom Kandidaten dargestellten Situationen ihm wirklich dazu verhalfen, die durch das Diplom zertifizierten Kompetenzen zu erlangen. Sie prüft auch, ob die Situationen nicht fiktiv sind, d.h. ob wirklich der Kandidat und nicht etwa jemand anderes diese erlebt hat. In einem Gespräch wird dem Kandidaten mitgeteilt, welche Kompetenzen ihm noch fehlen. Dieser hat daraufhin die Möglichkeit zu entscheiden, ob er die fehlenden Kompetenzen auf dem Weg der formalisierten Bildung erwirbt oder ob er mit seinem Arbeitgeber vereinbaren möchte, durch die Versetzung auf einem anderen Arbeitsplatz seine Berufserfahrungen zu vermehren. Ist der Kandidat arbeitslos, kann er berufliche Erfahrungen auch über Praktika sammeln.

Insgesamt hat der Kandidat fünf Jahre Zeit, bevor er vor einer neuen Jury die zuvor nicht vorhandenen Kompetenzen nachzuweisen hat.

4.2.4 Das Schweizer CH-Q Programm

Das Schweizerische Qualifikationshandbuch (CH-Q) ist ein Portfolio-Ansatz zur Erfassung der über Ausbildungen und anderweitig erworbener Kenntnisse und Kompetenzen. Es wird seit 2001 eingesetzt und eine gute PR-Arbeit führte dazu, dass es heute in Fachkreisen recht bekannt ist *(vgl. Wettstein 2003, S. 162)*. Die Dachorganisation des Verfahrens ist die „Gesellschaft CH-Q Schweizerisches Qualifikationsprogramm zur Berufslaufbahn", eine Non-Profit Organisation. Portfolio ist in diesem Zusammenhang zu definieren als eine Sammlung von Daten und Fakten von erworbenen Fähigkeiten und Kompetenzen einer Person im Hinblick auf die persönliche Weiterentwicklung in Bildung und Beruf. Das Instrument CH-Q hat sich zum Ziel gesetzt, Jugendlichen und Erwachsenen bei der Erfassung von formell und informell erworbenen Kompetenzen zu helfen. Diese Kompetenzen sollen anerkannt werden und die Klienten so dazu befähigen, mit den geänderten Bedingungen in Ausbildung und Arbeitsmarkt Schritt zu halten. Vorhandene Stärken sollen nutzbringend optimiert und in Qualifikationen umgesetzt werden. Es sollen Leistungen, die in allen Lebensbereichen erbracht wurden, egal ob in Familie, Freizeit oder in der Freiwilligenarbeit, berücksichtigt werden. Zielsetzungen des Verfahrens sind also die Anerkennung einer Ausbildung durch bestätigte Zertifikate für nachgewiesene Kompetenzen und die Anstellung bei einem Arbeitgeber, die mittels des Portfolios erreicht werden soll, ohne dass unter Umständen der geforderte schulische Abschluss vorliegt.

Die eingesetzten Methoden und Instrumente umfassen unter anderem das Erstellen von Qualifikationsbilanzen, einen Persönlichkeitsfragebogen, Arbeitsproben und die Förderung der Selbstverantwortung.

Das Erstellen von Qualifikationsbilanzen erfolgt durch ein Portfolio. Das Portfolio enthält eine umfangreiche Arbeitsanleitung, die sowohl den Umgang mit dem Instrument als auch den Selbstreflexionsprozess begleiten soll. Es enthält ferner eine Vielzahl von Formularen, die eine übersichtliche, systematische und chronologische Einordnung von Nachweisen, Zeugnissen, individuellen Bemerkungen und Notizen ermöglichen soll *(vgl. Frank 2003, S. 194)*. In Beratungsgesprächen und vor allem in Gruppen sollen zudem eigene Ressourcen bewusst gemacht und Zielsetzungen geklärt werden.

Zur Erfassung von Neigungen und Eignungen werden Persönlichkeitsfragebögen mit unterschiedlich ausgebauter wissenschaftlicher Grundlage eingesetzt. Bei den Arbeitsproben geht es um die Anerkennung von erworbenen Kompetenzen. So werden z.B. auch Praktika bis hin zu längeren beruflichen Einsätzen aufgeführt.

Die Erfassung, Beurteilung und Evaluation von Kompetenzen umfassen drei Teilprozesse. Diese finden nicht immer nacheinander statt und beruhen auf unterschiedlichen Konzepten.

Als erster Teilprozess steht das Erfassen von vorhandenen Ressourcen. Der Teilnehmer muss sich seine persönlichen Ressourcen bewusst machen, er muss wissen, über welche Kenntnisse und Fähigkeiten er verfügt. Als Grundlage der Portfolio-Vorlagen werden u.a. Ansätze der Laufbahnberatung, der psychologischen Diagnostik und der humanistischen Psychologie benutzt. Gesammelt werden Daten und Fakten über den bisherigen Bildungsweg, aus Aus- und Weiterbildung sowie von beruflichen und außerberuflichen Tätigkeiten. Es werden Lern- und Bildungsbiographien erstellt, welche letztlich zu einer Bilanz der Ressourcen führen sollen.

Der zweite Teilprozess ist das Beurteilen. Hier müssen die erfassten Ressourcen in Beziehung gesetzt werden zu den Anforderungen, z.B. eine Aufnahmeprüfung einer Lehrabschlussprüfung oder Anforderungen an eine bestimmte Arbeitssituation. Diese Nachweise können beispielsweise in Arbeitszeugnissen oder anderen Referenzen zu finden sein, so z.B. Nachweise aus ehrenamtlichen Tätigkeiten, Arbeit in Vereinen, Verbänden oder aus der Familienarbeit. Es findet eine Reflexion der eigenen Lernerfahrungen, wichtigen Lebensetappen und Berufs- und Lebenssituationen statt.

Der dritte Teilprozess ist schließlich die Bewertung vorhandener Kompetenzen durch eine externe Autorität. Erst durch eine externe, vertrauenswürdige Instanz gewinnt die Anerkennung von Kompetenzen an „Wert" gegenüber Dritten. Es werden also zum Beispiel Leistungen in Praktika bewertet, Prüfungen beurteilt oder die mündliche Darstellung der eigenen Tätigkeit von Fachleuten bewertet. Dies führt letztlich zum Erhalt eines Zertifikats, eines Ausweises oder ähnlicher Dokumente.

Frank kritisiert, dass, obwohl das CH-Q Handbuch sehr anwenderfreundlich gestaltet ist und so eine Voraussetzung für eine aktive, selbst gesteuerte Auseinandersetzung mit der eigenen Lern- und Bildungsbiografie schafft, die Dokumentation der eigenen Kompetenzen eine erhebliche intellektuelle Anforderung an die Zielgruppe stellt *(vgl. Frank 2003, S. 196f.)*. So bezweifelt sie, dass Jugendliche und lernungewohnte Erwachsene in der Lage sind, ohne jegliche Hilfestellung das Portfolio zu erstellen. Sie kritisiert, dass eine Anleitung zur Auseinandersetzung mit negativen Lernerfahrungen nicht vorgesehen ist und trotz des Angebots zur Unterstützung bei der Erstellung des Portfolios weitere Angaben zur Unterstützung fehlen.

Trotzdem stellt sie fest, dass das Qualifikationshandbuch die Kompetenzen bei der Erfassung, Beurteilung und Bewertung der gesamten individuellen Lernleistungen fördern kann und damit eine gute Möglichkeit bietet, sich die eigenen Kompetenzen bewusst zu machen.

Bei der Anerkennung von nicht formal erworbenen Fähigkeiten durch Schulen und staatliche Stellen hat sich das CH-Q zwar noch nicht durchgesetzt, doch gibt es bereits verschiedene Unternehmen, die so dokumentierte Fähigkeiten bei Bewerberinnen bzw. Bewerbern anerkennen *(vgl. Wettstein 2003, S. 162)*. Die Anerkennung wird in Zukunft sicherlich auch dadurch positiv beeinflusst, dass viele relevanten Gruppen und Organisationen im Entwicklungsprozess miteinbezogen waren.

4.3 Modellversuche in Deutschland

Im letzten Kapitel wurden einige Systeme zur Anerkennung informeller Lernergebnisse im Ausland vorgestellt. In Deutschland gibt es vergleichbare Systeme noch nicht. Ansatzweise gibt es jedoch gesetzliche Bestimmungen zur Anerkennung informell erworbener Kompetenzen bei der Externenprüfung.

Bei der Externenprüfung kann ein Berufsabschluss auch dann erworben werden, ohne dass eine duale Ausbildung durchlaufen wurde. Die Zulassung zur Externenprüfung ist an einige Voraussetzungen gebunden. Der Kandidat muss nachweisen, dass seine Tätigkeit in dem angestrebten Beruf mindestens das Doppelte der vorgeschriebenen Ausbildungszeit beträgt. Des Weiteren muss es sich um eine Tätigkeit handeln, die von einer Fachkraft ausgeübt wird. Wenn der Kandidat also glaubhaft nachweisen kann, dass er ausreichende Kenntnisse und Fähigkeiten besitzt, ermöglicht ihm das die Zulassung zur Abschlussprüfung, die Teilnahme kann dadurch nicht ersetzt werden. Das bedeutet, dass der Kandidat die außerhalb des formalen Bildungssystems erworbenen Kompetenzen in einer formalen Prüfung präsentieren und nachweisen muss.

Weitere gesetzliche Regelungen zu einer Anerkennung von informell erworbenen Kompetenzen gibt es in Deutschland nicht. Auch von Seiten der Unternehmen gibt es derzeit keine bekannten Projekte, welche außerhalb der Unternehmensgrenzen von Bedeutung wären. Allerdings gibt es gegenwärtig eine Vielzahl von Initiativen und branchenspezifischen Ansätzen, die sich mit der Erfassung und Dokumentation von informell erworbenen Kompetenzen beschäftigen *(vgl. Frank 2003, S. 183).*

Im Folgenden wird zunächst auf die im betrieblichen Kontext üblichen Dokumenta–tionsverfahren informell erworbener Kompetenzen, nämlich Arbeitszeugnisse und Beurteilungsverfahren eingegangen. Anschließend werden neben einer Erläuterung zum Konzept der Weiterbildungspässe allgemein auch konkrete Beispiele einiger momentan in Erprobung befindender Bildungspässe gegeben. So wird neben dem ProfilPASS und dem Qualipass auch das Projekt „Familien-kompetenzen als Potenzial einer innovativen Personalentwicklung" des Deut-schen Jugendinstituts und der Katholischen Arbeitnehmer-Bewegung vorge-stellt.

4.3.1 Arbeitszeugnisse und Beurteilungsverfahren

Im betrieblichen Kontext spielt die Erfassung und Bewertung informell erworbe-ner Kompetenzen eine wichtige Rolle, insbesondere bei der Einstellung neuer Arbeitskräfte und bei der Personalentwicklung. So gibt es auf betrieblicher Ebe-ne mit den Arbeitszeugnissen und Beurteilungsverfahren bereits Instrumente, welche ansatzweise informell erworbene Kompetenzen dokumentieren.

Die Arbeitszeugnisse geben einen allgemeinen Einblick in die Fähigkeiten des Beschäftigten. Sie beschreiben die Tätigkeiten und Aufgabenbereiche des Ar-beitnehmers und bewerten diese. Die Erstellung eines Arbeitszeugnisses kann bei einem Arbeitsplatzwechsel oder bei innerbetrieblichen Veränderungen be-antragt werden. Auch das Absolvieren eines Praktikums kann durch ein Ar-beitszeugnis dokumentiert und bewertet werden. Die Arbeitszeugnisse sind ein auf dem Arbeitsmarkt weitgehend akzeptiertes Dokument und dienen zum Nachweis über berufliche Erfahrungen.

Die Arbeitszeugnisse sind jedoch in erster Linie eine Fremdbeurteilung der Kompetenzen. Außerdem dürfen nach der geltenden Zeugnissprachregelung die Zeugnisse keine negativen oder berufsschädigenden Aussagen enthalten. Eine umfassende Beschreibung des Kompetenzprofils ist dadurch nur sehr be-grenzt möglich *(vgl. Frank 2003, S. 188)*. Dies führt dazu, dass manche Arbeits-zeugnisse mit Redewendungen und Floskeln so verschlüsselt formuliert wer-den, dass es für den Laien nicht direkt erkennbar ist, ob es sich um eine positi-ve oder negative Beurteilung der beruflichen Tätigkeit handelt.

Eine Ergänzung zum Arbeitszeugnis können Bewertungen sein, die arbeitspro-zessbegleitend erfolgen, z.B. Protokolle und ausgefüllte Fragebögen aus Mitar-beitergesprächen, Belobigungsschreiben und betriebsintern erstellte Nachweise über Teilnahmen an Qualifizierungsmaßnahmen *(vgl. Gnahs 2005, S. 32).*

Ein weiteres, insbesondere in Großbetrieben verwendetes Instrument sind die Beurteilungsverfahren. Diese Verfahren werden bei der Einstellung von Mitar-beitern, bei der Feststellung bzw. Eignung für bestimmte Tätigkeitsfelder, bei Beurteilung individueller Arbeitsleistungen sowie im Rahmen der Personalförde-rung eingesetzt. Die Beurteilungsverfahren haben jedoch nur Bedeutung für den einzelnen Betrieb. Die weitergehende Nutzung der gewonnenen Daten ist ausgeschlossen.

Eines der wichtigsten Verfahren zur Mitarbeiterbeurteilung ist das Assessment-Center. Hier werden unterschiedliche Methoden zur Bewertung eingesetzt. So setzen sich die Teilnehmer mit unterschiedlichen Situationen aus dem Berufs-alltag auseinander und müssen diese in Gruppendiskussionen, in Rollenspielen oder in Einzelarbeit bewältigen. Die Auswahlmethoden zielen stark auf die Ei-geninitiative und Eigenaktivität der Teilnehmer ab. Die Beurteilung erfolgt durch mehrere Beurteiler und soll auf der Basis der bewältigten Situationen eine zuverlässige und differenzierte Bewertung der Kandidaten ermöglichen und ein umfassendes Kompetenzprofil erstellen helfen.

Am Konzept der Assessment-Center wird oft kritisiert, dass die Auswahlmetho-den und –kriterien für die Teilnehmer nur begrenzt nachvollziehbar sind. Die Qualifikation der Beurteiler hat einen maßgeblichen Einfluss auf die Angemes-senheit der Einschätzung und der Beurteilung des Teilnehmers. Darum sollen neue Verfahren der Beurteilung den Teilnehmer stärker mit einbeziehen. Beur-teilungs- und Mitarbeitergespräche sollen zu einer für beide Seiten befriedigen-den Einschätzung der Leistung führen. Im Dialog zwischen Beurteiler und Beur-teilten soll die Selbsteinschätzung des Mitarbeiters sowie individuelle Zielver-einbarungen eine größere Bedeutung bekommen *(vgl. Frank 2003, S. 188f.).*

4.3.2 Weiterbildungspässe

Bildungspässe hatten ihren Ursprung in den Neunziger Jahren in Initiativen von Betrieben, Verbänden und Kommunen. Im Rahmen der Machbarkeitsstudie „Weiterbildungspass mit Zertifizierung informellen Lernens" des Bundesministeriums für Bildung und Forschung *(vgl. BMBF 2004)* wurden diese Weiterbildungspässe erstmalig näher untersucht. Für diese Machbarkeitsstudie wurde ein Konsortium beauftragt, bestehend aus dem Deutschen Institut für Internationale Pädagogische Forschung (DIPF, Frankfurt), dem Deutschen Institut für Erwachsenenbildung (DIE, Bonn) und dem Institut für Entwicklungsplanung und Strukturforschung an der Universität Hannover (IES, Hannover). Finanziert wurde das Ganze aus Mitteln des BMBF und des ESF *(vgl. Gnahs 2005, S. 25).* Die Machbarkeitsstudie hatte die Aufgabe, Möglichkeiten zur Einführung eines Weiterbildungspasses zu bewerten, welcher „unterhalb der ordnungspolitischen Ebene einer Sichtbarmachung und Anerkennung informell erworbener Kompetenzen in Deutschland dienen soll" *(Neß 2005, S. 230).* Es sollte festgestellt werden, welche Weiterbildungspässe in Deutschland bereits existieren und wie diese konzipiert sind. Auch sollten internationale Erfahrungen einbezogen werden und Möglichkeiten der Übertragung aufgezeigt werden. Auf dieser Grundlage sollten dann Formen und Wege zur Sichtbarmachung informellen Lernens beschrieben und analysiert werden und schließlich ein Referenzmodell für einen Weiterbildungspass entwickelt werden *(vgl. BMBF 2004, S. 12f.).*

Die Studie kommt zu dem Ergebnis, dass es derzeit eine Vielzahl von Weiterbildungspässen in Deutschland gibt. Sie unterscheiden sich in ihrer Ausrichtung auf gesellschaftliche Zielgruppen und Funktionsbereiche. So werden die Bereiche des Übergangs zwischen Schule und Beruf, der berufliche Bereich selbst, das Ehrenamt und der Privatbereich genannt. Im beruflichen Bereich kann man zwischen dem betrieblichen und dem überbetrieblichen Bereich unterscheiden. Die Bezeichnungen der einzelnen Bildungspässe sind vielfältig. Aktuell werden 90 unterschiedliche Bezeichnungen genannt *(vgl. Gnahs 2005, S. 27f.).* Einige Bildungspässe, wie der Qualipass, der in Kapitel 4.3.2.3 noch näher vorgestellt wird, lassen sich nicht eindeutig in einen Bereich einordnen, da sie sowohl zum Übergang zwischen Schule und Beruf als auch dem ehrenamtlichen Bereich zugeordnet werden können. Auffällig ist, dass mehr als 50 % der Bildungspässe im Bereich der Ausbildung und im beruflichen Bereich entwickelt wurden. Es scheint also, dass „besonders ökonomische und arbeitsmarktpolitische Faktoren mit den Zielen des Verbleibs auf dem ersten Arbeitsmarkt und der (Re-)Integration in das Beschäftigungssystem eine Funktion haben" *(Ness 2005, S. 231)* und dem privaten Bereich, z.B. der ehrenamtlichen Arbeit, nur eine eher geringe Bedeutung zukommt. Abbildung 7 verdeutlicht die Entstehungshintergründe von Weiterbildungspässen in Deutschland noch einmal.

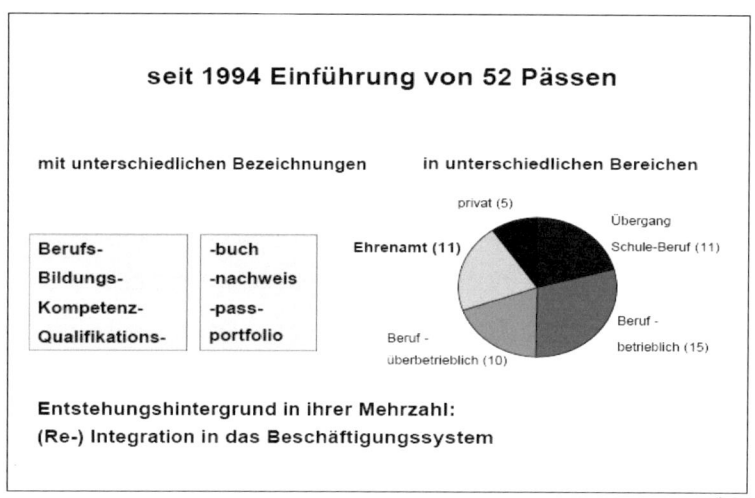

Abb. 7: Entstehungshintergrund von Weiterbildungspässen in Deutschland (Gnahs 2005, S. 28).

Die Weiterbildungspässe unterscheiden sich auch im Hinblick auf die Verfahren zur Erfassung und Bewertung von informell erworbenen Kompetenzen. So gibt es Bildungspässe, welche die erworbenen Kompetenzen lediglich erfassen. Andere gehen ein Schritt weiter und bauen auf dieser Erfassung auch eine Kompetenzbewertung auf. Des Weiteren gibt es offene und geschlossene Bewertungssysteme, also Systeme, die sich entweder an konkreten Kompetenzlisten orientieren oder dies nicht tun *(vgl. Gnahs 2005, S. 29)*. Pässe, die Tätigkeitsbeschreibungen und Veranstaltungsteilnahmen (z.B. an Weiterbildungskursen) zum Gegenstand haben, machen hierbei den größten Teil der eingesetzten Weiterbildungspässe aus. So finden sich Tätigkeitsbeschreibungen vor allem im Schul- und ehrenamtlichen Bereich. Problematisch ist hier jedoch, dass mit einer ausgeübten Tätigkeit nicht unbedingt auch ein Lernprozess verbunden sein muss. Die Reflektion der ausgeübten Tätigkeit z.B. soll notwendig sein, um einen Kompetenzerwerb zu erreichen *(vgl. BMBF 2004, S. 71f.)*.

Bei fast allen Passaktivitäten hat sich die Notwendigkeit einer fachkundigen Beratung gezeigt. Besonders für bildungsferne Gruppen erweist es sich als notwendig, Hilfestellung bei der Formulierung der erworbenen Kompetenzen zu geben und einen Reflexionsprozess in Gang zu setzen.

Bei den meisten eingesetzten Bildungspässen werden sowohl Fremd- als auch Selbstbeurteilungen eingesetzt. Hierbei erfolgt zumeist keine spezielle Schulung der Beurteilenden.

Um einen Bildungspass erfolgreich einzusetzen, ist die Akzeptanz dieses Instruments auf verschiedenen Ebenen nötig. In der Politik ist eine weit reichende Unterstützung hierfür bereits erreicht, wie an den verschiedenen Dokumenten und Verlautbarungen sowohl auf europäischer Ebene (s. Kapitel 2) als auch an den konkreten, bildungspolitischen Aktivitäten in Modellversuchsprogrammen zum informellen Lernen deutlich wird.

Für die Akzeptanz ist es aber auch wichtig, inwieweit die Bildungspässe im Alltags- und Berufsleben einsetzbar sind. Die Interessenvertreter von Verbänden und Betrieben haben sehr konkrete Anforderungen an die Anerkennung informell erworbener Kompetenzen. So soll einerseits Vergleichbarkeit möglich sein, andererseits aber die Kontextbindung von Kompetenzen berücksichtigt werden. Auch die „erkennbare Nützlichkeit für Betriebe und Individuen oder die stärkere Durchlässigkeit innerhalb des Bildungssystems bzw. der Transfer von einem Unternehmen zum anderen" *(Gnahs 2005, S. 35)* gehören zu den Forderungen.

Auf Grundlage der Analyse und von Expertenbefragungen in Unternehmen wurden Strukturen für ein Referenzmodell entwickelt. Diese werden im Folgenden vorgestellt *(vgl. Gnahs 2005, S. 37f. / Neß 2005, S. 231f.)*.

So sollen die Weiterbildungspässe Bilanzierung und Beratung integrieren, also sowohl formal, non-formal und informell erworbene Kompetenzen sammeln und dokumentieren, als auch Hilfe und Motivation zur weiteren Lern-, Lebens- und Laufbahnplanung bieten.

Durch die Dokumentation von Abschlüssen, Zertifikaten, Nachweisen und Tätigkeitsbeschreibungen aus den Bereichen Schule, Ausbildung, Erwerbstätigkeit, Familie, Ehrenamt und Freizeit soll der Blick gleichermaßen auf formale, non-formale und informelle Bildungsprozesse gelenkt werden.

Die Weiterbildungspässe sollen offen für Selbst- und Fremdeinschätzungen sein. Neben der Selbstwahrnehmung der erworbenen Kompetenzen sollten hier die Rahmenbedingungen und Anforderungen erkennbar werden, die der Passinhaber zu bewältigen hatte.

Die Finanzierung der Weiterbildungspässe soll mittelfristig aus sich selbst herausgeschehen, d.h. dass die Passinhaber sollen sich an den Herstellungskosten beteiligen.

Die Pässe sollen in der alleinigen Verfügbarkeit des Nutzers verbleiben. Der Nutzer entscheidet selbst, ob er den Pass oder Teile davon anderen weitergibt.

Daraus folgt, dass der Weiterbildungspass in Form einer ergänzungsoffenen Sammelmappe angelegt werden sollte, die optisch ansprechend gestaltet und leicht handbar ist, sowohl vom Ordnungsprinzip als auch von der verwendeten Sprache her.

Die Weiterbildungspässe sollen zielgruppenunabhängig, mehrsprachig und in unterschiedlichen Einsatzfeldern (Schule, Weiterbildungseinrichtungen, Betriebe, Verbände usw.) anwendbar sein.

Die Passinhaber, besonders aus bildungsfernen Gruppen, sollen individuell unterstützt und beraten werden. Dies ist insbesondere bei der Bilanzierung und Reflexion wichtig.

Auf Grundlage dieser Forderungen entwickelte die Begleitgruppe des Weiterbildungspassprojekts den ProfilPASS, welcher in Abschnitt 4.3.2.1 näher vorgestellt wird.

4.3.2.1 ProfilPASS

Auf Basis der Befunde des Projektes „Weiterbildungspass mit Zertifizierung informellen Lernens" wurde also der ProfilPASS entwickelt. Er ist Teil des Modellversuchprogramms „Lebenslanges Lernen" der Bund-Länder-Kommission für Bildungsplanung und Forschungsförderung (BLK) und wurde von September 2004 bis Mai 2005 in ausgewählten Regionen erprobt. Während der Erprobung wurden die Teilnehmer schriftlich und mündlich zu ihren Erfahrungen mit dem ProfilPASS befragt. Im September 2005 begann dann die nächste Projektphase. Anhand der in der Erprobung gewonnenen Erkenntnisse soll der ProfilPASS sowie das Beratungs- und Qualifizierungskonzept zur Marktreife weiterentwickelt werden. Es ist außerdem eine Koordinierungs- und Service-Stelle beim DIE und die Verbreitung des ProfilPASS-Systems in der gesamten Bundesrepublik geplant.

Der ProfilPASS besteht aus mehreren Abschnitten, die selbstständig oder mithilfe eines Beraters erarbeitet werden. Zunächst gibt es eine ausführliche Einleitung, welche die Ziele und den Zweck des ProfilPASS erläutert. So soll die Entdeckung der eigenen Fähigkeiten und Kompetenzen dabei helfen, die berufliche Weiterentwicklung und zukünftige Lernvorhaben zu planen, sowie den Eintritt bzw. Wiedereintritt ins Erwerbsleben vorzubereiten.
Außerdem gibt es Hinweise auf das Beratungsangebot. Die Passinhaber werden in der Regel bei der Passausgabe eine Eingangsberatung erhalten. Ein Beratungskonzept ist während der Entwicklung des Passes parallel entworfen und umgesetzt worden. Es orientiert sich u.a. an den Leitlinien Teilnehmerorientierung, Biografiebezug, Kompetenzorientierung, Ausrichtung an den Lerninteressen, Reflexionsorientierung *(vgl. Gnahs 2005, S. 39)*. Die Berater werden geschult und sollten über pädagogische Grundkenntnisse verfügen. So sollten sie über lerntheoretische Kenntnisse verfügen, einen Überblick über die deutsche und europäische Passlandschaft haben, die Leitlinien des Beratungskonzepts anwenden können und mit den Weiterbildungspassinstrumenten umgehen können. Die obligatorisch zu behandelnden Themen im Beratungskonzept sind die Verfahren zur Erfassung von Tätigkeiten, die Ermittlung von Kompe-

tenzen bzw. Fähigkeiten und die Bilanzierung. Nach Bedarf können noch die wachsende Bedeutung der Validierung informeller Lernergebnisse, die Perspektive des Ratsuchenden und die Formulierung seiner individuellen Ziele behandelt werden *(vgl. Gnahs 2005, S. 39)*.

Abschnitt 1 des ProfilPASS hat den Titel „Mein Leben – Ein Überblick". Der Passinhaber soll hier alle bisherigen Orte und Tätigkeiten eintragen. Dazu gehört auch die institutionelle und zeitliche Zuordnung. Hier sollen neben Schule, Ausbildung und Erwerbstätigkeiten auch Lernanlässe festgehalten werden, die einen eher privaten Bezug haben, wie z.B. ehrenamtliche Engagements, Hobbys, Familie, besondere Lebensereignisse und politisches Engagement. Die Teilnehmer werden daran erinnert, dass der ProfilPASS nicht zur Weitergabe an Dritte gedacht ist und sie allein entscheiden, ob sie Anderen einen Einblick in ihn gewähren oder nicht.

Im folgenden Abschnitt 2 „Meine Tätigkeitsfelder – Eine Dokumentation" sollen die Tätigkeitsfelder genauer betrachtet und herausgearbeitet werden, was im Einzelnen geleistet wurde. So sollen die genutzten und neu erworbenen Fähigkeiten deutlich gemacht werden. Zu jedem einzelnen Lernanlass (Schule, Hobbys, Ausbildung, Familie usw.) geschieht diese Zuordnung in vier Schritten: „Benennen", „Beschreiben", „Auf den Punkt bringen" und „Bewerten".

Zunächst werden die einzelnen Ereignisse und Aktivitäten benannt. Wichtig sind hier auch die Gründe, warum eine Tätigkeit ausgeführt wurde. Zu den einzelnen Lernanlässen und Tätigkeitsfeldern gibt es jeweils Hinweise, die dem Passinhaber eine Benennung erleichtern.

Bei der Beschreibung geht es darum, die einzelnen Aufgaben und Tätigkeiten zu beschreiben und zu überlegen, welche Erfahrungen man im Umgang mit anderen Menschen gemacht hat.

Im nächsten Schritt „Auf den Punkt bringen" werden die Kenntnisse und Fähigkeiten, die für die Tätigkeiten benutzt wurden, konkret benannt. Tätigkeiten sollen in Fähigkeiten umformuliert werden. Der Passinhaber soll sich fragen, welche Fähigkeiten er für die Lösung einer Aufgabe erlernt hat und heute noch beherrscht.

Im letzten Schritt „Bewerten" sollen die wichtigsten Fähigkeiten auswählt und eingestuft werden. Hierzu werden Niveau-Stufen von 1 bis 4 genutzt. Stufe 1 bedeutet, eine Fähigkeit kann unter Anleitung reproduziert werden. Eine selbstständige Wiederholung unter ähnlichen Bedingungen wird auf Stufe 2 erreicht. Auf Stufe 3 kann die Fähigkeit selbstständig in anderen Zusammenhängen eingesetzt werden und auf Stufe 4 auch erläutert und vorgeführt werden. Wird eine Fähigkeit auf Niveau-Stufe 3 oder 4 eingeordnet, kann der Passinhaber anführen, unter welchen anderen Zusammenhängen und bei welchen anderen Tätigkeiten er sich einen Einsatz seiner Fähigkeiten vorstellen kann.

In Abschnitt 3 „Meine Kompetenzen – eine Bilanz" werden die auf Niveau-Stufe 3 und 4 eingeordneten Fähigkeiten in Kompetenzen umformuliert. Hier können Akzente gesetzt werden bei Kompetenzen, die der Passinhaber für besonders wichtig hält bzw. die er besonders gut beherrscht. Auch die mit Niveau-Stufe 1 und 2 bewerteten Fähigkeiten sollen noch einmal auflistet und im Hinblick auf ihre Wichtigkeit geordnet werden.

Abschnitt 4 „Meine Ziele und die nächsten Schritte" dient der Formulierung von Berufs- und Lebenszielen, die kurz-, mittel- oder langfristig angestrebt werden. Basis hierfür sind die ermittelten Kompetenzen und Fähigkeiten. So bestimmt der Passinhaber, welche Fähigkeiten er ausbauen, welche Interessen er weiter verfolgen und welche Schwächen er ausgleichen möchte. Die angestrebten Ziele können in drei verschiedene Tabellen eingetragen werden (Ziele der nächsten sechs Monate, der nächsten zwölf Monate und innerhalb der nächsten drei Jahre).

Abschnitt 5 bietet die Möglichkeit zur Sammlung von Zeugnissen, Bescheinigungen, Nachweisen und anderen Dokumenten.

Im Anhang gibt es schließlich noch Kontaktadressen und Hinweise zur Gestaltung von Bewerbungsunterlagen sowie zur Nutzung von Dokumenten, die in anderen EU-Ländern eingesetzt werden können.

4.3.2.2 Projekt Familienkompetenzen – Die Kompetenzbilanz

Das Projekt „Familienkompetenzen als Potenzial einer innovativen Personal-entwicklung" des Deutschen Jugendinstituts und der Katholischen Arbeitneh-mer-Bewegung entwickelte ein Instrument, welches die im Kontext der Familie erworbenen Kompetenzen erfassen und als Potenzial für eine innovative Per-sonalentwicklung herausstellen soll. Diese Kompetenzbilanz soll zeigen, dass in der Familienarbeit Kompetenzen erworben werden, die auch für das beruflich-betriebliche Arbeitshandeln wichtig sein können. Das Instrument richtet sich daher u.a. an berufstätige Mütter und Väter sowie Berufsrückkehrer. Das In-strument erhebt nicht den Anspruch, Kompetenzen objektiv zu messen. Viel-mehr sollen die Teilnehmer ihre eigene Lebenssituation in einem Selbstein-schätzungsprozess reflektieren und zukünftige Entwicklungsmöglichkeiten ab-schätzen *(vgl. Wittwer 2005, S. 66)*.

Die Kompetenzbilanz ist als Arbeitsbuch aufgebaut und in mehrere Schritte unterteilt. Informationen über Methoden und Ziele der Arbeit werden in der Re-gel vor Beginn schriftlich oder durch Orientierungsgespräche und Informations-veranstaltungen dem Teilnehmer vermittelt. Zur Veranschaulichung der kom-plexen Sachverhalte wird in dem Arbeitsbuch mit einer Reihe von Mind Maps gearbeitet. Der Teilnehmer ist dazu aufgefordert, zu den einzelnen Arbeits-schritten auch eigene Mind Maps zu zeichnen *(vgl. Erler 2003, S. 170)*. Für Personalverantwortliche liegt dem Arbeitsbuch noch ein erläuterndes Begleit-heft bei, welches die Nutzungsmöglichkeiten des Verfahrens in der Personalar-beit aufzeigt.

Im ersten Schritt „Lebensgeschichte als Lerngeschichte" wird die eigene Lern-biographie reflektiert. Es sollen die Erfahrungen, die außerhalb formaler Bil-dungsprozesse erworben wurden, in Bezug zum individuellen, arbeitsrelevanten Kompetenzprofil gesetzt werden.

Auf Basis dieser Reflexion wird im nächsten Schritt „Familie als Lernort" anhand von konkreten Beispielen herausgefunden, welche Kompetenzen in unter-schiedlichen Situationen des Familienalltags gefordert, welche aufgrund der Bewältigung der Aufgaben erweitert und welche neu angeeignet wurden.

Im nächsten Schritt erfolgt ein Perspektivenwechsel von der Familie hin zum Beruf. Die Teilnehmer sollen feststellen, welche in der Familie genutzten Kompetenzen für den Arbeitsplatz von Bedeutung sein könnten. Dazu sind neun breite Kompetenzfelder (z.B. Selbstorganisation bzw. Selbstmanagment, Verantwortungsbewusstsein, Belastbarkeit, Kommunikationsfähigkeit, Teamfähigkeit, Organisationsfähigkeit) in 38 Teilkompetenzen unterteilt. Diese müssen auf einer Skala von 1 (sehr gut) bis 5 (nicht gut) bewertet werden. Nach dieser Selbsteinschätzung wird empfohlen, noch eine Fremdeinschätzung, etwa durch Freunde, Arbeitskollegen, Vorgesetzte oder Familienangehörige einzuholen. Jedoch liegt die Einholung der Fremdeinschätzung in der Verantwortung des einzelnen Teilnehmers. Falls es deutliche Abweichungen zwischen Selbst- und Fremdeinschätzung geben sollte, wird empfohlen, nach einer Diskussion das Kompetenzprofil erneut zu reflektieren und zu bewerten.

Abbildung 8 zeigt den stufenweisen Verlauf bei der Erstellung einer Kompetenzbilanz sowie einen Ausschnitt der Kategorien für die Selbst- und Fremdeinschätzung.

Die nun erarbeitete Kompetenzbilanz bildet die Grundlage zu einem Gespräch mit dem Vorgesetzten über die Frage des Transfers von Kompetenzen aus unterschiedlichen Kontexten an den eigenen aktuellen oder einen angestrebten Arbeitsplatz. Die Bilanz kann auch als Grundlage für einen Dialog mit Verantwortlichen bei Bildungsträgern über individuell abgestimmte Weiterbildungsschritte oder über mögliche berufliche Perspektiven im Anschluss an Bildungsmaßnahmen dienen *(vgl. Erler 2003, S. 171)*.

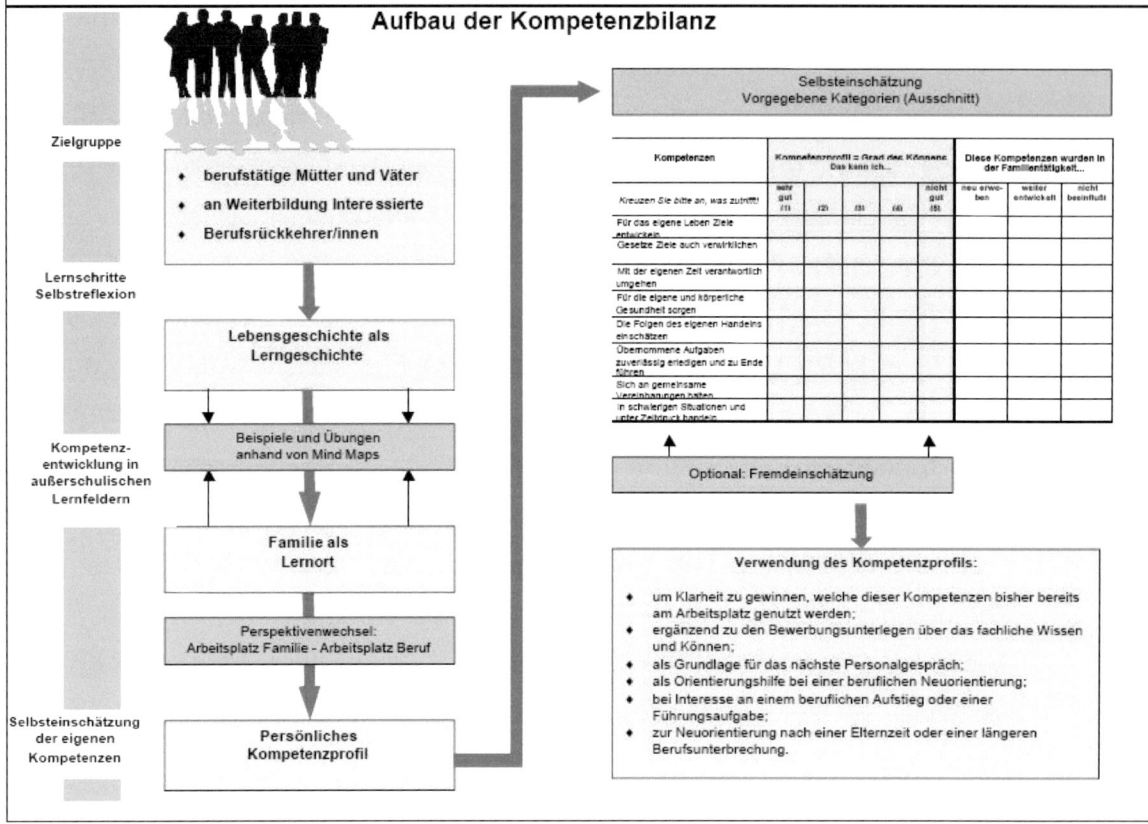

Abb. 8: Aufbau der Kompetenzbilanz (Erler 2003, S. 173).

Der qualifizierte Dialog mit Kollegen und Personalverantwortlichen über Fähig-keiten und Fertigkeiten des jeweiligen Mitarbeiters ist auch einer der wichtigsten Schritte des Verfahrens. Entwicklungspotentiale eines Mitarbeiters können unter einem anderen Blickwinkel erfolgen, außerhalb des unmittelbar gegebe-nen Arbeitskontextes.

Es gibt aber auch kritische Stimmen. So kritisiert Frank, dass die Einschätzung des Wertes der Aussagen dadurch erschwert wird, dass im Gegensatz zu biografisch angelegten Diagnosesystemen, welche die gesamte Lebens- und Lernbiografie einschließen, formal erworbene Kompetenzen nur eine unterge-ordnete Rolle spielen *(vgl. Frank 2003, S. 187).* Erler verweist auf die in der betrieblichen Praxis mit Skepsis betrachtete Methode der Selbsteinschätzung. Jedoch muss man bedenken, dass eine unehrliche Bearbeitung mit zu positiven oder zu negativen Urteilen auch nicht im Interesse des Teilnehmers liegt, da so die ganze Kompetenzbilanz keinen Nutzen mehr für ihn hat *(vgl. Erler 2003, S. 181).*

Die Kompetenzbilanz wird von der Industrie bisher als sinnvolles Instrument im Rahmen von Mitarbeitergesprächen begrüßt. Eine Anerkennung der festgestellten Kompetenzen wird jedoch ausgeschlossen. So soll jeder Arbeitgeber frei entscheiden, ob er die Kompetenzbilanz in seine Entscheidungen mit einbezieht oder nicht *(vgl. Frank, S. 188).*

4.3.2.3 Qualipass

Der Qualipass richtet sich an Jugendliche zwischen 12 und 25 Jahren und soll Praxiserfahrungen und Kompetenzen dokumentieren, die im Laufe von Praktika, Vereinsmitarbeit, Schülerinitiativen, Auslandsaufenthalten, Nachbarschaftshilfe oder vergleichbaren Tätigkeiten erworben wurden. Das Instrument wurde von der Freudenberg Stiftung entwickelt in Zusammenarbeit mit dem Ministerium für Kultur, Jugend und Sport, Baden-Württemberg. Unterstützt wurde es außerdem vom Landesarbeitsamt Baden-Württemberg sowie von den regionalen Kammern und den Wohlfahrts-, Sport- und Jugendverbänden. Im April 2000 haben die Initiatoren das Pilotprojekt Qualipass gestartet. Seit 2002 wird der Pass landesweit über die Servicestelle Jugend Baden-Württemberg und regionale Kontaktstellen in den Stadt- und Landkreisen verbreitet *(vgl. Gerber 2003, S. 187).*

Der Qualipass ist als Dokumentenmappe aufgebaut. Bei der Bearbeitung des Passes stehen den Jugendlichen sogenannte „Coaches" zur Seite. Diese helfen dabei, die Praxiserfahrungen zu reflektieren und erfahrungsorientierte Persönlichkeits- und Perspektivenentwicklungen zu erarbeiten. Die Coaches werden von den Jugendlichen selbst ausgewählt. Dies können Eltern, Lehrer, Vertrauenspersonen aus Vereinen, Betrieben oder der Jugendhilfe sein. Sie werden von den Jugendagenturen und der Servicestelle unterstützt.
Die Dokumentationsmappe ist in verschiedene Abschnitte unterteilt.

So gibt es zunächst einige Gebrauchshinweise, sowohl für die Jugendlichen selbst, als auch für die betreuenden Coaches.

Die Tätigkeitsfelder werden durch Nachweise dokumentiert. Hier gibt es farblich „gelbe" Nachweise für praktische Tätigkeiten und farblich „blaue" Nachweise für abgeschlossene Schulungen. Die Nachweise können z.B. in Computerkursen, im Umweltbereich, bei Praktika, durch Auslandsaufenthalte, im ehrenamtlichen Bereich usw. erworben werden. Die Nachweise werden in ihrer zeitlichen Reihenfolge in eine Übersicht eingeordnet.

Ein Ziel des Qualipassprojektes ist die Werbung für das nicht berufsgebundene Coachingkonzept. Um den optimalen Nutzen für Jugendliche und junge Erwachsene sicherzustellen, ist die Qualifizierung dieser Coaches unabdingbar. Die Coaches leisten die Hauptarbeit bei diesem Instrument, denn erst durch die gemeinsame Re–flexion der dokumentierten Tätigkeitsfelder mit den Jugendlichen werden die Praxis–erfahrungen bedeutsam und verwertbar gemacht.

„Die Vorbereitung und Qualifizierung freiwilliger Coaches ist die derzeit anspruchsvollste Aufgabe, an der noch gearbeitet wird, da Mentoring und Coaching durch Freiwillige kein selbstverständlicher Bestandteil der bundesdeutschen Berufsbildungskultur sind" *(Gerber 2003, S. 193)*.

5. Informelles Lernen im Risiko der gesellschaftlichen Vereinnahmung

Im Diskurs um das informelle Lernen wird oftmals betont, dass insbesondere durch die nicht formalen und impliziten Lernprozesse viele Kompetenzen entwickelt werden können, „die für die Bewältigung gegenwärtiger und zukünftiger Wandlungsprozesse in allen gesellschaftlichen Bereichen notwendig scheinen" *(Kirchhof/Kreimeyer 2003, S. 214).* Funktionalisierung informellen Lernens rückt damit als Möglichkeit der Kompetenzentwicklung ins Blickfeld sowohl unternehmerischer als auch arbeitsmarkt- und bildungspolitischer Interessen. Es entsteht so ein Spannungsfeld zwischen informellem Lernen als Chance individueller Kompetenzentwicklung und gesellschaftlicher Vereinnahmung. So stellen auf der einen Seite informelle Lernprozesse für das Individuum die Möglichkeit dar, eigene Interessen, Selbstbestimmung und Bildungsbiografie miteinander zu verbinden. Nicht lerngerichtete Handlungszusammenhänge stellen einen zusätzlichen Ort der Kompetenzentwicklung dar.

Auf der anderen Seite besteht die Gefahr, dass diese subjektiven Bildungsinteressen den Anforderungen der Gesellschaft untergeordnet werden und von der Ökonomie instrumentalisiert wird. Dann gerät Lernen nur noch unter den alleinigen Anspruch auf Brauchbarkeit.

Kirchhof und Kreimeyer erkennen vier mögliche Spannungsfelder zwischen den sich aus dieser Problematik ergebenden Gegensätzen *(vgl. Kirchhof/Kreimeyer 2003, S. 226-232):*

Sie sehen einerseits die Spannung zwischen Lernen in Freiheit versus sozialem Lernzwang. Ergebnisse der Motivationspsychologie haben gezeigt, dass eine intrinsische Lernmotivation einen größeren Effekt auf die Lernergebnisse hat als eine extrinsische Lernmotivation. Genau hier knüpft das lebensweltimplizite Lernen als Teil des informellen Lernens an. Durch den Anspruch, sich mithilfe des informellen Lernens jederzeit gesellschaftlichen Veränderungen anzupassen, wird diese Freiheit des impliziten Lernens jedoch aufgehoben. Bereiche der persönlichen Lebenswelt werden ausschließlich unter dem Aspekt ihrer kompetenzentwickelnden Potenziale bewertet.

Eine weiteres Spannungsfeld sehen Kirchhof und Kreimeyer in der subjektorientierten Pädagogik versus der Pädagogisierung der Lebenswelt. Das Lernen an sich hat immer eine sehr individuelle Seite. Das informelle Lernen im sozialen Umfeld rückt Lernprozesse in den Vordergrund, die hauptsächlich zur persönlichen Lebenssphäre, zum individuellen Alltag gehören. Das Lernen erfährt also eine weitere subjektive Prägung durch das lernende Subjekt selbst. Die Wahrnehmung und Anerkennung des Lernens im direkten sozialen Umfeld darf nicht dazu führen, dass das informelle Lernen pädagogisiert wird. Je „mehr informelles Lernen einer gesellschaftlichen Anerkennung zugeführt und in das lebenslange Lernen integriert wird, umso mehr wird der mit dem traditionellen, schulischen Lernverständnis unweigerlich verknüpfte Pädagogisierungsgedanke befördert" *(Kirchhof/Kreimeyer 2003, S. 229)*. Dies führt dazu, dass das Pädagogische auf Dauer mit der Lebens- und Berufswelt des Menschen verknüpft wird und somit immer und überall gelernt wird. Um das kompetenzentwickelnde Potenzial des informellen Lernens zu erhalten, muss die Unterstützung der Entwicklung von Kompetenzen durch informelles Lernen jenseits aller Formen der Pädagogisierung liegen.

Die Anerkennung des informellen Lernens wird als Chance gesehen, negative Folgen sozialer Selektivität zu vermeiden (vgl. Kapitel 3.3). Kirchhof und Kreimeyer sehen auch hier ein mögliches Spannungsfeld zwischen sozialer Gleichheit versus soziale Ungleichheit. So werden bereits die Qualität und Ergebnisse von informellen Lernprozessen im sozialen Umfeld durch die persönliche Lebensumwelt mitbestimmt. Soziale Ungleichheiten werden so durch informelles Lernen noch verschärft, da der soziale Kontext Möglichkeiten und Grenzen individueller Kompetenzentwicklung mitbestimmt. Eine weitere Gefahr sehen Kirchhof und Kreimeyer in dem hohen kognitiven Anspruch, den eine reflektierte Auseinandersetzung informeller Lernprozesse erfordert. Wenn breite Bevölkerungsschichten nicht die notwendigen individuellen Voraussetzungen für diese Reflexion mitbringen, hat das informelle Lernen nur für diejenigen Vorteile, welche über die notwendigen Fähigkeiten bereits verfügen.

Schließlich wird in der Eigenverantwortung versus Fremdverantwortung ein weiterer Spannungspunkt gesehen. Informelles Lernen ist darauf ausgerichtet, das lebenslange Lernen weitgehend in die Eigenverantwortung der jeweiligen

Individuen zu verlagern. Gerade in dieser Freiheit liegt einer der Vorteile dieser Lernform. So erscheint informelles Lernen „im bildungspolitischen Interesse ebenso als Lösung für leere (Weiterbildungs-)Kassen, wie es dem Individuum helfen kann, teure Weiterbildungskosten zu sparen" *(Kirchhof/Kreimeyer 2003, S. 232)*. Die ganze Verantwortung, Inhalte, Form, Methoden der Bildungsbemühungen, wird also auf den Lernenden verlagert. Kompetenzen werden so als Bringschuld der einzelnen Subjekte gesehen. Der erhält dadurch eine riesengroße Verantwortung und im Falle eines Scheiterns sind nicht mehr Staat oder Gesellschaft schuld, sondern das Individuum selbst. Kehrseite der Verantwortungsübertragung ist also die Überforderung des Lernenden mit dieser schwierigen Aufgabe.

Geißler sieht in der Abwendung vom alten Ordnungsmodell der Arbeit zu Gunsten einer Hinwendung zum Modell des lebenslangen Lernens die Gefahr der Kolonialisierung der Lebenswelt durch Lernen. Eine Gesellschaft, die immer neue Forderungen nach immer neuen Lernanstrengungen erhebt, produziere neue Unfreiheiten, Zwänge und Belastungen für das Individuum *(vgl. Geißler 2003, S. 128-140)*. Bildung und Weiterbildung werden im Konzept des überall geforderten lebenslangen Lernen immer wichtiger. Wissen, das heute noch aktuell ist, kann morgen schon überholt sein. Durch die immer schneller verfallende Brauchbarkeit des Wissens kann sich der Lernende immer seltener als souverän erleben und verstehen. „Wenn wir immerzu lernen müssen, wird das gesamte Leben zur Schule" *(Geißler 2003, S. 133)*. Der Glaube, dass man durch den Besuch von Bildungsveranstaltungen unabhängiger werden würde, ist eine Illusion. „Das lebenslange Lernen, das den Menschen lebenslang als lernbedürftig definiert, zeigt, dass das Gegenteil der Fall ist. Man bleibt ewig Schüler bzw. Schülerin" *(Geißler 2003, S. 134)*. So gibt es zwar immer größere Freiheiten bei den Wahlmöglichkeiten von Bildungsmaßnahmen, doch der Druck und Zwang auf Erwachsene, Lernveranstaltungen aufsuchen zu müssen, ist so groß wie noch nie. „Zum Lernen gibt es keine Alternative mehr, beim Lernen dafür mehr als je zuvor" *(Geißler 2003, S. 137)*. Die Rolle, die vorher die Ordnungsmodelle „Religion" und „Arbeit" innehatten, hat nun das Ordnungsmodell „Lernen" bzw. „Lebenslanges Lernen" erhalten. So werden auch gesellschaftliche Verlierer abgestempelt zu individuellen Lernversagern und Lernun-willigen. „Zu lernen wäre also zuallererst, vom Lernen als Problemlöser Num-mer eins wieder loszukommen, und zu lernen wäre, dass Lernen nicht der Königsweg zur Freiheit ist, aber möglicherweise ein Weg, um den Königsweg zu finden" *(Geißler 2003, S. 140)*.

6. Zusammenfassung und Ausblick

Die vorliegende Arbeit beschäftigte sich mit dem informellen Lernen sowie der Erfassung der informell erworbenen Kompetenzen. Es sollten neben einem allgemeinen Überblick der vielfältigen Ansätze zur Definition informellen Lernens auch einige Methoden und Ansätze zur Validierung informell erworbener Kompetenzen vorgestellt werden.

Zunächst wurden die gesellschaftliche Entwicklung und einzelne Stationen der europäischen Bildungspolitik aufgezeigt, die zu einer zunehmenden Wahrnehmung des informellen Lernens führten. Hier wurde deutlich, dass die Entwicklung der deutschen Diskussion zum informellen Lernen eng mit der europäischen Bildungspolitik verknüpft ist. Mit der steigenden Aufmerksamkeit und den eingebrachten Kommissionsvorschlägen wächst auch der Druck auf Deutschland, informell erworbene Kompetenzen anzuerkennen.

Im anschließenden Kapitel wurden einige ausgewählte Definitionsansätze zum Be–griff des informellen Lernens vorgestellt. Es sollte auch aufgezeigt werden, inwiefern sich formales, non-formales und informelles Lernen voneinander unterscheiden. Hier wurde deutlich, dass eine eindeutige, allgemeine Definition des informellen Lernbegriffs bisher nicht existiert. Dies erschwert den Vergleich von Forschungsarbeiten zu diesem Thema. Auch ist es schwierig, einheitliche didaktische Konzepte zu entwickeln, in denen das informelle Lernen aufgegriffen werden könnte.

Trotz der hohen Prozentzahl von informell erworbenem Wissen darf das informelle Lernen nicht als Konkurrent des Lernens in formalen Bildungsinstitutionen gesehen werden. Formelles und informelles Lernen ergänzen sich vielmehr. Dies zeigt, dass eine Gleichstellung der beiden Lernformen in der Gesellschaft nötig ist. Um diesen wichtigen Stellenwert in der Gesellschaft zu erhalten, ist ein entsprechender bildungspolitischer Bezugsrahmen nötig. Die Prüfungs- und Bewertungsverfahren müssen außerdem auf die Besonderheiten des informellen Lernens eingehen.

Einige Ansätze zur Bewertung und Anerkennung informell erworbener Kompetenzen wurden im nächsten Kapitel dargestellt.

Es wurde gezeigt, dass die Entwicklung und Implementierung von Verfahren zur Beurteilung und Anerkennung in anderen Ländern schon viel weiter fortgeschritten ist. Die vorgestellten Verfahren aus dem Vereinigten Königreich, Frankreich, Norwegen und der Schweiz können zwar aufgrund anderer Ausgangsbedingungen und Tradi–tionen nicht direkt auf Deutschland übertragen werden, sie können aber Impulse geben für zukünftige Planungen von Maßnahmen und politische Überlegungen.

In Deutschland kann durch die Externenprüfung ein Berufsabschluss erworben werden, ohne dass eine duale Berufsausbildung durchlaufen werden muss. Jedoch besteht bei der Externenprüfung die Schwierigkeit, dass der Kandidat die außerhalb des formalen Bildungssystems erworbenen Kompetenzen in einer formalen Prüfung nachweisen muss. Es wird hier also nicht auf die Besonderheiten des informellen Lernens eingegangen. Mit den Instrumenten der Arbeitszeugnisse und den Beurteilungsverfahren gibt es zwar auch in Deutschland ansatzweise eine Möglichkeit des Nachweises von während der Arbeit erworbener Kompetenzen. Hier erfolgt jedoch zumeist ausschließlich eine Fremdbeurteilung der Fähigkeiten und Fertigkeiten des Individuums.

Einen Schritt weiter gehen die Weiterbildungspässe. Hier sollen formal, non-formal und informell erworbene Kompetenzen sowohl gesammelt und dokumentiert, als auch Wege zur weiteren Lebens- und Laufbahnplanung aufgezeigt werden. Der Passinhaber kann in manchen Fällen hierbei auf eine ausführliche Beratung zurückgreifen. Wenn diese Beratung jedoch nicht angeboten wird, besteht die Gefahr, dass aufgrund des hohen Anspruchs einer reflektierten Bearbeitung informeller Lernprozesse der Passinhaber überfordert ist.

Es zeigte sich also, dass Deutschland die ersten Schritte zu einer Anerkennung des informellen Lernens getan hat, jedoch im Vergleich zu anderen Ländern noch enormen Aufholbedarf hat.

Zum Abschluss wurden die Risiken der Erfassung des informellen Lernens erläutert. So besteht durchaus die Gefahr, dass das Individuum gezwungen wird, immer und überall zu lernen und der Lernprozess niemals zu einem befriedigenden Ergebnis kommen kann – Folge wäre eine ewige Lernbedürftigkeit. Politik und Wirtschaft könnten in dem informellen Lernen einen Weg sehen, die komplette Verantwortung für Bildung sowie die staatlichen und betrieblichen Weiterbildungskosten dem Individuum anzulasten und ihn dadurch zu überfordern.

Einige Fragen zum informellen Lernen bleiben offen: Wie sind Wirkung und Nachhaltigkeit informellen Lernens zu beurteilen? Wie sind die Ausgangsbedingungen des informellen Lernens? Welche Rolle spielt die erworbene Allgemeinbildung auf die Bereitschaft zum informellen Lernen? Welche Kulturtechniken muss Allgemeinbildung vermitteln, um zum informellen Lernen zu befähigen? Wie kann der Einzelne dazu ermutigt werden, sich für das Lernen offen zu halten *(vgl. Kirchhöfer 2001, S. 141-142)*?

Welche Konsequenzen haben all diese Überlegungen nun für die Erwachsenenbildung? Es zeichnet sich ab, dass sich die Erwachsenenbildung auf die neuen Herausforderungen, die das informelle Lernen verlangt, einstellen muss. Informelles Lernen darf nicht als Konkurrenz des formalen Lernens gesehen werden. Bei der Integrierung der beiden Lernformen, sowohl des informellen Lernens in das formale, wie des formellen Lernens in das informelle, kommt den Weiterbildungsinstitutionen eine beratende und unterstützende Funktion zu. Beratung und Unterstützung bei der reflektierten Auseinandersetzung mit informellen Lernprozessen ist unbedingt notwendig. Auch sollen die Lernenden motiviert werden, Freude am eigenständigen Weiterlernen zu haben.
Dohmen *(vgl. Dohmen 2001, S. 136-139)* schlägt den Weiterbildungsinstitutionen vor, ein allgemeines Grundlagen- und Orientierungswissen zu vermitteln, an welches sich offenes Weiterlernen anschließen kann. Dieses Grundlagenwissen muss aber auch selbst ständig in Bewegung sein und sich an die ändernden Bedingungen anpassen. Es muss mehr praktisches Lernen an konkreten Aufgaben und Lebenssituationen stattfinden, die unmittelbare Umwelt muss in das Lernen integriert werden. Die Lernenden müssen auf ein selbst gesteuertes Lernen vorbereitet werden, da sie gezwungen sind, sich zunehmend selbst Informationen zu beschaffen, zu ordnen, zu diskutieren und zu präsentieren.

Die Lehre sollte möglichst auf das Individuum angepasst sein. Die Einbeziehung von konkreten problemlösungsbezogenen Lernprozessen ist wünschenswert, evtl. auch durch Miteinbeziehung von Experten und Praktikern in Information, Diskussion und Beratung.

Zur Erfüllung dieser neuen zusätzlichen Aufgaben ist eine Veränderung der Dozentenrolle und der Lehrkräfte-Ausbildung erforderlich. Für die institutionellen Bildungseinrichtungen bedeutet es außerdem eine immense Ausweitung ihres Aufgabenfeldes. Darüber hinaus dürfen aber auch nicht die alten Aufgaben der Vermittlung eines Grundlagenwissens vernachlässigt werden.

„Das planmäßig-systematische Lernen sollte ein stabilisierendes Korsett für die gesamten weit über dieses formale Lernen hinausführenden Lernaktivitäten der Menschen sein. Es muss sich aber insgesamt in einer neuen erweiterten Lerngesellschaft neu positionieren" *(Dohmen 2001, S. 139)*.

7. Abkürzungsverzeichnis

APL   – Accreditation of Prior Learning

BLK   – Bund-Länder-Kommission

BMBF   – Bundesministerium für Bildung und Forschung

CH-Q   – Schweizerisches Qualifikationsprogramm zur Berufslaufbahn

DIE   – Deutsches Institut für Erwachsenenbildung

DIPF   – Deutsches Institut für Internationale Pädagogische Forschung

ESF   – Europäischer Sozialfonds

IES   – Institut für Entwicklungsplanung und Strukturforschung

NALL   – New Approaches to Lifelong Learning

NVQ   – National Vocational Qualifications

SSHRC   – Social Sciences and Humanities Research Council

8. Abbildungsverzeichnis

9. Literaturverzeichnis

Arnold, Rolf: Qualifikation. In: Arnold, Rolf / Nolda, Sigrid /Nuissl, Ekkehard: Wörterbuch Erwachsenenpädagogik. Bad Heilbrunn 2000.

Björnavold, Jens: Lernen sichtbar machen. Ermittlung, Bewertung und Anerkennung nicht formal erworbener Kompetenzen in Europa. Thessaloniki 2000.

Bretschneider, Markus: Non-formales und informelles Lernen im Spiegel bildungspolitischer Dokumente der Europäischen Union. Bonn 2004.

Bundesministerium für Bildung und Forschung (BMBF, Hrsg.): Weiterbildungspass mit Zertifizierung informellen Lernens. Machbarkeitsstudie im Rahmen des BLK-Verbundprojektes. Berlin 2004.

Dehnbostel, Peter Informelles Lernen – Aktualität und begrifflich-inhaltliche Einordnungen. In: Dehnbostel, Peter / Gonon, Philipp (Hrsg.): Informelles Lernen – eine Herausforderung für die berufliche Aus- und Weiterbildung. Bielefeld 2002, S. 3-12.

Dewey, John: Democracy and education. London 1968.

Dohmen, Günther: Das informelle Lernen. Die internationale Erschließung einer bisher vernachlässigten Grundform menschlichen Lernens für das lebenslange Leben aller. Bonn 2001.

Erler, Wolfgang: Die Kompetenzbilanz – Ein Instrument zur Selbst- und Fremdeinschätzung sozialer, methodischer und personaler Kompetenzen im Blick auf die berufliche und persönliche Entwicklung. In: Straka, Gerald (Hrsg.): Zertifizierung non-formell und informell erworbener beruflicher Kompetenzen. Münster 2003, S. 169-185.

Erpenbeck, John: Kompetenz, Kompetenzmessung und Kompetenzanalyse mit dem KODE. In: Bundesinstitut für Berufsbildung (Hrsg.): Informelles Lernen. Verfahren zur Dokumentation und Anerkennung im Spannungsfeld von individuellen, betrieblichen und gesellschaftlichen Anforderungen. Bonn 2005, S. 41-57.

Ertl, Hubert: Anerkennung beruflicher Qualifikationen im Rahmen des Systems der National Vocational Qualifications. In: Straka, Gerald (Hrsg.): Zertifizierung non-formell und informell erworbener beruflicher Kompetenzen. Münster 2003, S. 69-81.

Europäische Kommission: Weißbuch zur allgemeinen und beruflichen Bildung. Lehren und Lernen. Auf dem Weg zur kognitiven Gesellschaft. Brüssel 1995.

Europäisches Parlament und Rat der Europäischen Union: Beschluss Nr. 2493/95/EG des Europäischen Parlaments und des Rates vom 23. Oktober 1995 über die Veranstaltung eines Europäischen Jahres des lebensbegleitenden Lernens (1996). Brüssel 1995.

Fischer, Thorsten: Informelle Pädagogik. Systematische Einführung in die Theorie und Praxis informeller Lernprozesse. Hamburg 2003.

Frank, Irmgard: Erfassung und Anerkennung informell erworbener Kompetenzen – Entwicklung und Perspektiven in Deutschland und in ausgewählten europäischen Ländern. In: Wittwer, Wolfgang / Kirchhof, Steffen (Hrsg.): Informelles Lernen und Weiterbildung. Neue Wege zur Kompetenzentwicklung. München/Unterschleißheim 2003, S. 168-209.

Geißler, Karl-Heinz: Alle lernen alles – die Kolonisierung der Lebenswelt durchs Lernen. In: Wittwer, Wolfgang / Kirchhof, Steffen (Hrsg.): Informelles Lernen und Weiterbildung. Neue Wege zur Kompetenzentwicklung. München/Unterschleißheim 2003, S. 127-141.

Gerber, Pia: Von der Erfahrung zur Kompetenz – Der Qualipass als Anerkennungs- und Coachinginstrument für Jugendliche. In: Straka, Gerald (Hrsg.): Zertifizierung non-formell und informell erworbener beruflicher Kompetenzen. Münster 2003, S. 187-194.

Gnahs, Dieter / Bretschneider, Martin: Weiterbildungspass mit Zertifizierung informellen Lernens. In: Bundesinstitut für Berufsbildung (Hrsg.): Informelles Lernen. Verfahren zur Dokumentation und Anerkennung im Spannungsfeld von individuellen, betrieblichen und gesellschaftlichen Anforderungen. Bonn 2005, S. 25-40.

Gonon, Philipp: Informelles Lernen – ein kurzer historischer Abriss von John Dewey zur heutigen Weiterbildung. In: Dehnbostel, Peter / Gonon, Philipp (Hrsg.): Informelles Lernen – eine Herausforderung für die berufliche Aus- und Weiterbildung. Bielefeld 2002, S. 13-22.

Gutschow, Katrin: Erfassen, Beurteilen und Zertifizieren non-formell und informell erworbener beruflicher Kompetenzen in Frankreich: Die Rolle des bilan de compétences. In: Straka, Gerald (Hrsg.): Zertifizierung non-formell und informell erworbener beruflicher Kompetenzen. Münster 2003, S. 127-139.

Kirchhof, Steffen / Kreimeyer, Julia: Informelles Lernen im sozialen Umfeld – Lernende im Spannungsfeld zwischen individueller Kompetenzentwicklung und gesellschaftlicher Vereinnahmung. In: Wittwer, Wolfgang / Kirchhof, Steffen (Hrsg.): Informelles Lernen und Weiterbildung. Neue Wege zur Kompetenzentwicklung. München/Unterschleißheim 2003, S. 213-240.

Kirchhöfer, Dieter: Informelles Lernen in alltäglichen Lebensführungen – Chance für berufliche Kompetenzentwicklung. QUEM-Report Heft 66. Berlin 2000.

Kirchhöfer, Dieter: Perspektiven des Lernens im sozialen Umfeld. In: Arbeitsgemeinschaft Betriebliche Weiterbildungsforschung e.V./Projekt Qualifikations-Entwicklungs-Management (Hrsg.): Kompetenzentwicklung 2001. Tätigsein – Lernen – Innovation. Münster 2001, S. 95-145.

Kommission der Europäischen Gemeinschaften: Aktionsplan der Kommission für Qualifikation und Mobilität. Brüssel 2002.

Kommission der Europäischen Gemeinschaften: Einen europäischen Raum des lebenslangen Lernens schaffen. Brüssel 2001.

Kommission der Europäischen Gemeinschaften: Gemeinsame Europäische Grundsätze für die Validierung des nicht formalen und des informellen Lernens. Brüssel 2004.

Kommission der Europäischen Gemeinschaften: Memorandum über Lebenslanges Lernen. Brüssel 2000.

Kommission der Europäischen Gemeinschaften: Vorschlag für eine Entscheidung des Europäischen Parlamentes und des Rates über ein einheitliches Rahmenkonzept zur Förderung und der Transparenz von Qualifikationen und Kompetenzen (EUROPASS). Brüssel 2003.

Labruyére, Chantal: La validation des acquis de l´expérience. In: Bundesinstitut für Berufsbildung (Hrsg.): Informelles Lernen. Verfahren zur Dokumentation und Anerkennung im Spannungsfeld von individuellen, betrieblichen und gesellschaftlichen Anforderungen. Bonn 2005, S. 197-208.

Laur-Ernst, Ute: Analyse, Nutzen und Anerkennung informellen Lernens und beruflicher Erfahrung – wo liegen die Probleme? In: Dehnbostel, Peter / Novak, Hermann (Hrsg.): Arbeits- und erfahrungsorientierte Lernkonzepte. Bielefeld 2000, S.161-175.

Livingstone, David: Informelles Lernen in der Wissensgesellschaft. In: Arbeits-
gemeinschaft Qualifikations-Entwicklungs-Management (Hrsg.): Kompetenz für
Europa. Wandel durch Lernen – Lernen im Wandel. QUEM-Report Heft 60.
Berlin 1999, S. 65-91.

Marsick, Victoria / Watkins, Karen: Towards a Theory of Informal and Incidental
Learning in Organisations. In: International Journal of Lifelong Education,
Vol.11, Nr. 4. 1992, S. 287-300.

Neß, Harry: Der deutsche ProfilPASS: Ausbaufähiges Instrument zur Selbst-
steuerung. In: Künzel, Klaus (Hrsg.): Internationales Jahrbuch der Erwachsenenbildung, Bd. 31/32: Informelles Lernen – Selbstbestimmung und soziale
Praxis. Köln 2005, S. 223-243.

Overwien, Bernd: Informelles Lernen: Ein Begriff zwischen ökonomischen
Interessen und selbstbestimmtem Lernen. In: Künzel, Klaus (Hrsg.): Internatio-
nales Jahrbuch der Erwachsenenbildung, Bd. 31/32: Informelles Lernen –
Selbstbestimmung und soziale Praxis. Köln 2005, S. 1-26.

Overwien, Bernd: Informelles Lernen erforschen: Definition(en), Vorgehenswei-
sen und Ergebnisse. In: Dehnbostel, Peter / Novak, Hermann (Hrsg.): Arbeits-
und erfahrungsorientierte Lernkonzepte. Bielefeld 2000, S.176-187.

Overwien, Bernd: Informelles Lernen in der internationalen Diskussion – ein
Überblick. In: Dehnbostel, Peter / Gonon, Philipp (Hrsg.): Informell erworbene
Kompetenzen in der Arbeit – Grundlegungen und Forschungsansätze. Bielefeld
2004, S. 79-95.

Reischmann, Jost: Lernen „en passant" – die vergessene Dimension. In: Zeitschrift Grundlagen der Weiterbildung Heft 4. 1995, S. 200-204.

Schaub, Horst / Zenke, Karl: Wörterbuch Pädagogik. 5. Aufl. München 2002.

Staudt, Erich / Kley, Thomas: Formelles Lernen – informelles Lernen – Erfahrungslernen: Wo liegt der Schlüssel zur Kompetenzentwicklung von Fach- und Führungskräften? In: Berichte aus der angewandten Innovationsforschung Heft 193. Bochum 2001.

Straka, Gerald: Informelles, implizites Lernen und Coca Cola. In: Zeitschrift Grundlagen der Weiterbildung Heft 6. 2001, S. 255-258.

Straka, Gerald: Lernen unter informellen Bedingungen (informelles Lernen). Begriffsbestimmung, Diskussion in Deutschland, Evaluation und Desiderate. In: Arbeitsgemeinschaft Qualifikations-Entwicklungs-Management (Hrsg.): Kompetenzentwicklung 2000. Lernen im Wandel – Wandel durch Lernen. Münster 2000, S. 15-70.

Trier, Martin u.a.: Lernen im sozialen Umfeld. QUEM-Report Heft 70. Berlin 2001.

Wettstein, Emil: Anerkennung fremder Lernleistungen in der Schweiz. In: Straka, Gerald (Hrsg.): Zertifizierung non-formell und informell erworbener beruflicher Kompetenzen. Münster 2003, S. 153-164.

Wittwer, Wolfgang: Förderung der Nachhaltigkeit informellen Lernens durch individuelle Kompetenzentwicklung. In: Wittwer, Wolfgang / Kirchhof, Steffen (Hrsg.): Informelles Lernen und Weiterbildung. Neue Wege zur Kompetenzentwicklung. München/Unterschleißheim 2003, S. 13-41.

Wittwer, Wolfgang: Übergreifende Aspekte im Kontext der individuellen Dokumentation von Kompetenzen. In: Bundesinstitut für Berufsbildung (Hrsg.): Informelles Lernen. Verfahren zur Dokumentation und Anerkennung im Spannungsfeld von individuellen, betrieblichen und gesellschaftlichen Anforderungen. Bonn 2005, S. 59-70.

Sebastian Peer Wurm, Diplom-Pädagoge, geb. 1981, Studium der Erziehungswissenschaften, Schwerpunkt Erwachsenenbildung/Weiterbildung am Institut für Berufs- und Weiterbildung an der Universität Duisburg-Essen.

Abschluss 2007 als Diplom-Pädagoge.

Derzeit in Ausbildung zum Psychotherapeuten für Kinder und Jugendliche.